強打者

江夏 豊

ワニブックス
PLUS新書

はじめに

前作『名投手～江夏が選ぶ伝説の21人』はおかげさまで好評を博した。

私はストレート中心で、カウント稼ぎも勝負もアウトロー（外角低め）の投球だった。ストレートを速く見せるためには間《ま》が大切だ。

前作でも述べたが、投手が「緩急」「高低」「左右」「ボール・ストライク」と、頭と技術を駆使してあちこちに投げるのに、打者はバットの「割り箸のような細くて短い真芯」に当てて安打や本塁打にする。「打者は天才」だ。

世界最多868本塁打の王貞治さん（巨人）のようにアーチをスタンドに架けたホームランバッターは紛れもない強打者である。他方、日米通算4367安打をマークしたイチロー君（オリックス、マリナーズほか）のようなヒットメーカーを強打者と表現して異を唱える人もいないだろう。さらに「ここで打ってほしい」というファンの願いをかなえた長嶋茂雄さん（巨人）は、記録にも記憶にも残る強打者である。

まず、担当編集者が「三冠王（20年まで7人のべ11度）」「通算２０００安打以上（史上53人）」「通算４００本塁打以上（同20人）」「トリプル・スリー（同10人のべ12度）」「現役打者」の中から候補を挙げてきた。

日本のプロ野球は、パ・リーグの中西太さん、野村克也さん、セ・リーグの長嶋茂雄さん、王貞治さんの出現によって様相を大きく変えて攻撃型になった。だから、セ・パ２リーグ分立（１９５０年）以降の打者を選んでいくことにする。

私は現役時代、阪神（67年～75年）、南海（76年～77年）、広島（78年～80年）、日本ハム（81年～83年）、西武（84年）と移籍したおかげで、セ・パいろいろな打者と対戦できた。バットとボールを介在して私は打者と会話を楽しんできた。通算18年、その数は実に、のべ１２６１８人にのぼる。強打者の定義というものは人それぞれだろうが、

「18・44メートル向こうのライバルたち」との対戦の印象と思い出を中心に、「江夏豊の視点」で語らせてもらうとしよう。

【凡例】
●生年月日、出身都道府県、身長・体重、投打の左右の別
●出身校〈甲子園出場の有無〉→在籍球団（ドラフト＝「会議があった年」ではなく、「実際にプレーを始めた年」）
★通算成績＝現役年数、出場試合、安打、打率、本塁打、打点
★タイトル＝首位打者、本塁打王、打点王、最多安打
★記者投票＝MVP、ベストナイン、ゴールデングラブ賞（72年制定）、球宴出場回数
★主な記録＝日本記録、セ・リーグ記録、パ・リーグ記録、メジャー・リーグ記録など
（編集部注／数字・記録は20年現在のものです）

目次

【江夏豊VS主要打者 通算対戦成績】(データ提供 NPB/BIS)

	打者	球団	打数	安打	打率	本塁打	打点	四球計	敬遠	死球	三振
*	王 貞治	巨 人	258	74	.287	20	56	56	4	1	57
	長嶋茂雄	巨 人	226	62	.274	14	39	23	0	0	54
	衣笠祥雄	広 島	168	23	.137	6	9	23	1	0	51
	山本浩二	広 島	154	36	.234	6	14	11	0	1	29
*	若松 勉	ヤクルト	94	20	.213	0	2	6	1	0	15
*	福本 豊	阪 急	40	9	.225	0	7	9	0	0	13
	大杉勝男	ヤクルト	42	6	.143	1	4	5	0	0	14
	山内一弘	広 島	34	4	.118	0	1	3	0	0	9
*	門田博光	南 海	22	6	.273	4	10	4	0	0	14
	田淵幸一	西 武	23	4	.174	2	2	4	1	0	3
*	掛布雅之	阪 神	20	2	.100	0	0	2	0	0	6
	落合博満	ロッテ	18	6	.333	2	6	4	0	0	2
*	リー	ロッテ	17	2	.118	0	1	3	0	1	7
*	張本 勲	巨 人	11	5	.455	1	5	0	0	0	0
	ブーマー	阪 急	5	2	.400	1	3	1	0	0	1

(注/※は左打者、球団は最終所属)

【三冠王の通算成績】
王　=22年、2831試合、2786安打、打率・301、868本塁打、2170打点
野村=27年、3017試合、2901安打、打率・277、657本塁打、1988打点
落合=20年、2236試合、2371安打、打率・311、510本塁打、1564打点
ブーマー=10年、1148試合、1413安打、打率・317、277本塁打、 901打点
バース= 6年、 614試合、 743安打、打率・337、202本塁打、 486打点

【ヒットメーカーの通算成績】
長嶋=17年、2186試合、2471安打、打率・305、444本塁打、1522打点
広瀬=23年、2190試合、2157安打、打率・282、131本塁打、 705打点
張本=23年、2752試合、3085安打、打率・319、504本塁打、1676打点
若松=19年、2062試合、2173安打、打率・319、220本塁打、 884打点
福本=20年、2401試合、2543安打、打率・291、208本塁打、 884打点
リー=11年、1315試合、1579安打、打率・320、283本塁打、 912打点
古田=18年、2008試合、2097安打、打率・294、217本塁打、1009打点
前田=24年、2188試合、2119安打、打率・302、295本塁打、1112打点
イチロー=28年、3604試合、4367安打、打率・322、235本塁打、1309打点
小笠原=19年、1992試合、2120安打、打率・310、378本塁打、1169打点

【アーチストの通算成績】
山内=19年、2235試合、2271安打、打率・295、396本塁打、1286打点
大杉=19年、2235試合、2228安打、打率・287、486本塁打、1507打点
田淵=16年、1739試合、1532安打、打率・260、474本塁打、1135打点
山本=18年、2284試合、2339安打、打率・290、536本塁打、1475打点
衣笠=23年、2677試合、2543安打、打率・270、504本塁打、1448打点
門田=23年、2571試合、2566安打、打率・289、567本塁打、1678打点
掛布=15年、1625試合、1656安打、打率・292、349本塁打、1019打点
清原=22年、2338試合、2122安打、打率・272、525本塁打、1530打点
松井=20年、2504試合、2643安打、打率・293、507本塁打、1649打点
阿部=19年、2282試合、2132安打、打率・284、406本塁打、1285打点

【トリプル・スリーの通算成績】
中西=18年、1388試合、1262安打、打率・307、244本塁打、 785打点
秋山幸=22年、2189試合、2157安打、打率・270、437本塁打、1312打点
金本=21年、2578試合、2539安打、打率・285、476本塁打、1521打点
柳田=10年、 997試合、1104安打、打率・322、186本塁打、 611打点
山田=10年、1058試合、1153安打、打率・293、214本塁打、 635打点

【現役スラッガーの通算成績(10年以上)】
青木=17年、2112試合、2478安打、打率・311、161本塁打、 780打点
内川=19年、1977試合、2171安打、打率・303、196本塁打、 957打点
秋山翔=10年、1261試合、1443安打、打率・299、116本塁打、 522打点
坂本=14年、1785試合、2003安打、打率・292、242本塁打、 865打点

01　王貞治(一塁手)

868本中、特別な3本塁打

●40年5月20日生まれ、東京都出身。177センチ、79キロ。左投げ左打ち
●早稲田実高〈甲子園〉→巨人(59年〜80年)
★通算22年2831試合2786安打、打率・301、868本塁打2170打点
★首位打者5度、本塁打王15度、打点王13度、最多安打3度、盗塁王0度
★MVP9度、ベストナイン18度、ゴールデングラブ賞9度、球宴20度
★主な記録=通算868本塁打(世界記録)、三冠王、1試合4本塁打、7試合連続本塁打、サイクルヒット、16年連続100四球、通算故意四球427

【江夏との通算対戦成績】
258打数74安打、打率・287、20本塁打、56打点、56四球、57三振

まず、確実性（首位打者）・長打力（本塁打王）・勝負強さ（打点王）の３つを兼備する、三冠王の獲得者から振り返ろう。各章、打者の年齢順に対決エピソードを語るが、敬意を表して「トップバッター」だけは、「世界の本塁打王」王貞治さん（巨人）だ。

王さんは高校二年時にセンバツ甲子園でエースとして紫紺の優勝旗を手中に収めた。プロ入り後、類まれな打撃センスを生かして打者に転向したが、素質がなかなか満開とはならなかった。**タイミングを取るための1つの練習法がいわゆる「フラミンゴ打法」（一本足打法）だった。**巨人がBクラス４位に沈んだ62年のこと。

「勝てないのは王が打っていないからだ！」（別所毅彦投手コーチ）

「ホームランだけならいつでも打てる。三冠王を獲らせようと指導しているんだ」（荒川博打撃コーチ）

その日の試合からフラミンゴ打法で打つようになった王さんは、その年38本塁打85打点で二冠を獲得した（打率・２７２）。この年から13年連続本塁打王に輝くのだ。その後の大活躍は、読者の皆さんご存じの通りである。

私のプロ入り1年目の67年、チームの先輩の「2代目ミスター・タイガース」村山実さん（阪神）は甲子園球場でこう言った。

「オレのライバルはこっち（長嶋茂雄）、豊（江夏）のライバルはあっち（王貞治）だ」

以降、私は王さんをライバル、目標とするようになる。

それにしても、この「通算対戦成績」の数字は、実に興味深い。

258打数74安打、打率・287、20本塁打、56打点、56四球、57三振

経過と結果が凝縮されている。私が阪神時代（67年～75年）は先発投手として、私が広島時代（78年～80年）は抑え投手として王さんと対戦した。

王さんが最も本塁打を打った投手は私だが（20本）、私が1番三振を奪った打者も王さんなのだ（57個）。しかも三振と同じだけ四死球がある（死球1個）。のるかそるかのせめぎ合い。このように「エースと四番」の個人対決である一方、56個に含まれる「敬遠四球4個」はチーム同士の対決の結果。そんなことを如実に物語っているではないか。

プロ2年目の68年、私は稲尾和久さん（西鉄）の持つシーズン353奪三振（61年）

を破る４０１奪三振の記録を樹立した。(編注/メジャー73年アストロズのノーラン・ライアン３８３奪三振。参考までにコロナ前のリーグ最多奪三振は19年巨人・山口俊１８８奪三振、ソフトバンク・千賀滉大２２７奪三振)

「新記録の３５４個目は王さんから奪う!」

私はマスコミに公言していた。私の前の試合の登板終了時点で３４５個。８個取ればタイ記録、９個取れば新記録だ。

68年9月17日、甲子園球場。公言通り王さんから三振を奪って「よっしゃー!」と、意気揚々とダグアウトに引きあげた。ダンプさん(辻恭彦捕手)が近寄ってきた。

「おい豊、勘違いしていないか? いまのは３５４個目ではなく、３５３個目だぞ」

１回表２個、２回表２個、３回表２個、４回表２個で３５３個。

(困った、さあ困った……)

王さんまでもうひと回り、相手打者から三振を奪わないようにしてアウトに打ち取らなくてはならない。とりわけ、普通に投げると三振してしまう可能性の高い捕手の森昌彦さん、投手の高橋一三さんには、バットに投球を当てさせてアウトにしなくてはならなかった……。

とにもかくにも王さんから３５４個目を奪うことができた。王さんは前年まで６年連続本塁打王。まだ「世界の王」ではなかったが「日本の王」であり、押しも押されもせぬ大スターだった。私より８歳上の28歳。ちょこんと当てにくるのではなく、弱冠二十歳の若造に対して、フルスイングで向かってきてくれたのは、王さんの人間性だろう。


私の王さんに対する戦術をここで初めて明かそう。自分の調子がよくない、逆に王さんがすこぶる調子がいい。まともに力勝負しても本塁打される。そんなピンチのとき「**ノー・スリー戦法**」を使った。

わざとカウント３Ｂ―０Ｓにすると、王さんは戸惑う。

「あれ？　江夏はきょう不調だから勝負を避けているのか？」

この気持ちの間隙を縫う。４球目に簡単にストライクを取ったあと、勝負は５球目。何回ぐらい成功したか。結果はほぼ二塁ゴロだった。

もっとも、ブチ（田淵幸一）が69年に入団するまでの専属捕手『ダンプ辻』さんに言わせれば、私の投球をこう表現する。

「江夏の投球はほとんどストレートで、カーブは様子見かタイミングを外す捨て球。だから1センチ単位のストレートの出し入れで勝負した」

コントロールに対して自信を持つ私が、こと王さんに対しては、そこそこ多くの四球を出してしまった。それだけギリギリの勝負だったのだ。

王さんには通算868本塁打の中で、特に印象に残る本塁打が3つあるそうだ。1本は77年ハンク・アーロンを抜く通算756号（後楽園球場＝ヤクルト・鈴木康二朗投手）、1本は公式戦ではないが、71年日本シリーズ第3戦の逆転サヨナラ3ラン（後楽園球場＝阪急・山田久志投手）、1本は71年通算485号（甲子園球場＝江夏豊）だ。

先述の通り、62年38本塁打を放ったのを皮切りに以降13年連続本塁打王に輝いた王さんだが、71年は39本塁打でタイトルを死守したとはいえ、打率・276と極度の打撃不振に陥った。川上哲治監督（巨人）が二本足に戻すことを進言したほどの重症だったという。

私はその試合、王さんを3打席連続三振。2対0とリードした9回表二死二、三塁。ダンプさんがマウンドに2度も足を運んでいた。

「豊、やっぱりカーブをほおれよ」

「王さんをカーブで三振取ってもオレはうれしくないんや。真っすぐで勝負させてくれ」

この打席7球目となる153球目、ベルトの高さに内角ストレートを投じた。

打った瞬間は右飛だった。それを藤井栄治さんが風に乗った打球につられてバックする。金網にへばりついた。（え、金網に登るのか？）王さんの執念があと押ししたんだろう。打球は藤井さんの頭上を少し越えてラッキーゾーンにポトリと落ちた。まさか、まさかの逆転3ランだ……。

前出71年日本シリーズ、同い年の親友のヤマ（山田久志）のときは「ダイヤモンドを回るとき、宙を駆けるような感じだった」（王）けれど、**私からの3ランのとき王さんは涙を流してダイヤモンドを回っていた。**

のちの日本シリーズでゲスト解説した私は、目の前でヤマがひざまずいてうずくまったのを見たが、私だってそうしたい心境だった。

いつだったか王さんと対談したとき、

「あの当時は長いスランプで苦しかった。たくさんホームランを打ってきたが、豊から打ったあの3ランは忘れられない。**オマエはオレの最高のライバルだったよ**」

「世界の王」の、投手に対する最高のほめ言葉。身に余る光栄である。

02　野村克也（捕手）

捕手の打撃タイトル22度中17度

●35年6月29日生まれ、京都府出身。１７５センチ、85キロ。右投げ右打ち
●峰山高→南海（54年）→ロッテ（78年）→西武（79年～80年）
★通算27年、３０１７試合、２９０１安打、打率・２７７、６５７本塁打、１９８８打点
★首位打者1度、本塁打王9度、打点王7度、最多安打１度、盗塁王０度
★ＭＶＰ5度、ベストナイン19度、ゴールデングラブ賞1度、球宴21度
★主な記録＝三冠王1度、通算最多犠飛１１３

【江夏との通算対戦成績】
対戦なし

ノムさん（野村克也）は65年に戦後初の三冠王に輝いた。そして、並みいる強打者を相手に私が作った投手記録にストップをかけたのがノムさんだ。

南海（現・ソフトバンク54年）→ロッテ（78年）→西武（79年）と移籍したノムさんと、阪神（67年）→南海（76年）→広島（78年）→日本ハム（81年）→西武（84年）と渡り歩いた私、公式戦での対戦は残念ながら1度もない。

私の「球宴（オールスター・ゲーム）連続奪三振」の記録を止めたのがノムさんなのだ。私は71年球宴第1戦に先発して9連続奪三振の記録を樹立した（編集部注＝球宴は最長3回しか投げられない）。実はこの記録、70年第2戦から始まり、71年第3戦まで続く「15連続奪三振」だったのだ。

●70年7月19日第2戦（大阪球場）

・1回＝長池徳二（阪急）三振、池辺巌（ロッテ）三安、張本勲（東映）三振、**野村克也（南海）左越2（失点）**、大杉勝男（東映）三振

・2回＝富田勝（南海）四球、山崎裕之（ロッテ）左前安、大下剛史（東映）捕邪飛、

有藤通世（ロッテ）三振、長池徳二（阪急）三振
・3回＝池辺巌（ロッテ）三振、張本勲（東映）三振、**野村克也（三振）**

●71年7月17日第1戦（西宮球場）
・1回＝有藤通世（ロッテ）三振、基満男（西鉄）三振、長池徳二（阪急）三振
・2回＝江藤慎一（ロッテ）三振、土井正博（近鉄）三振、東田正義（西鉄）三振
・3回＝阪本敏三（阪急）三振、岡村浩二（阪急）三振、加藤秀司（阪急）三振

●71年7月20日第3戦（後楽園球場）
・6回＝江藤慎一（ロッテ）三振、**野村克也（南海）ニゴロ**、高橋博士（南海）遊ゴロ
・7回＝大下剛史（東映）三振、東田正義（西鉄）三振、加藤秀司（阪急）三振

●72年7月25日第3戦（甲子園球場）
・1回＝長池徳二（阪急）三振、阪本敏三（東映）三振、**野村克也（南海）中飛**

・2回＝大杉勝男（東映）三振、森本潔（阪急）三振、東田正義（西鉄）左安、白仁天（東映）左安、基満男（西鉄）左飛

71年第3戦。ノムさんは、投球に当てることを優先し、二塁ゴロ。70年・71年・72年と**パ・リーグの主軸打者としてのプライドをかけてバットを振ってきたのが打席の結果から一目瞭然だ。**

「自分がこれまで見た投手の中で、球が最も速かったのは江夏豊だ。パで育った者として、連続する記録を何としても止めたかった」（野村）

ノムさんは、76年南海に移籍した私を抑え投手として再生してくれた。

阪神からトレードされて身も心も疲れ果てていた私を心配した義母が、ノムさんと同じマンションの隣の住居を購入して住まわせた。

お互い自分のウチで晩飯を済ませたあと、必ず私がノムさんの住居に行く。夜の11時か12時ぐらいから朝5時まで毎夜、野球談議。ノムさん、昔はKENT（ケント）という煙草を吸っていたが、灰皿が山盛りになるまで、本当にいろいろな野球の話を聞かせ

てもらい、グチをたくさん聞いてあげ……（苦笑）。そして球場に入れば、試合前に野村ミーティング。考える野球。とことん野球を追求した。投手心理と打者心理は表裏一体である。教わったことをざっと挙げるだけでも次の通り。

【12種類カウント別心理】

●0-0投手不利　1-0投手不利　2-0投手不利　3-0投手不利
●0-1投手有利　1-1投手有利　2-1五分五分　3-1投手不利
●0-2投手有利　1-2投手有利　2-2投手有利　3-2醍醐味カウント

・「ボールーストライク」のカウントは12種類あるが、その心理は5種類が「投手有利」、5種類が「投手不利」、2ボール1ストライクは「五分五分」、3ボール2ストライクは「醍醐味カウント」とノムさんは名付けていた。

【投球は常に目的を持って投げる】

●誘い球＝高めストレートで空振りを狙う。またストライクからボールになる変化球。

●稼ぎ球＝カウントを稼ぐ。主に見逃しゾーン、ファウルゾーン、空振りゾーンに。
●見せ球＝捨て球。必ずボールにする。打者の反応を見る。次の投球に対する伏線。
●勝負球＝まとめ球。投手が得意な球。打者が苦手な球。凡打ゾーン、空振りゾーンに。
・見逃しゾーン＝外角低めストライク
・ファウルゾーン＝内角ボール球
・空振りゾーン＝内角高めボール球
・凡打ゾーン＝真ん中低めボール球

【打者のタイプ4類型】
●A型（理想型）＝ストレート狙いで、変化球に対応。来た球を打つ天才型。
＝長嶋茂雄（巨人）、篠塚和典（巨人）、清原和博（西武ほか）、松井秀喜（巨人ほか）。
●B型（無難型）＝内角か外角か、打つコースを決める。
＝イチロー（オリックスほか）
●C型（器用型）＝引っ張るか流すか、打ち返す方向を決める。

＝辻発彦（西武ほか）、青木宣親（ヤクルトほか）

●D型（不器用型）＝投手が投げてくる球種にヤマを張る。

＝野村克也（南海ほか）、山崎武司（楽天ほか）

目から鱗《うろこ》が落ちるようなことを教えてくれる。一方で、平凡なことを難解に言って「すごい理論だ」と思わせるのがノムさんの話術だが（苦笑）、「そんなことわかっているよ」という平凡なことを、いざ言葉で表現するのは容易でない。**それを『野村ノート』のようにマニュアル化して、頭に入りやすくしたのがノムさんの大きな功績だ。**

「犠牲フライを打つにはどうしたらいい？」

――「高目の球を八分の力で反対方向に打つ」という具合だ。

バッテリーからすれば外角高目に投げなければいいし、打者からすれば外角高目を意識すればいい。**結果、ノムさんは通算最多犠飛113の日本記録を持っている。**

そして、**捕手のポジションの選手が打撃タイトルを獲得したのは過去に22度あるが、うち17度がノムさんである**（阪神・田淵幸一＝本塁打王、ヤクルト・古田敦也＝首位打

者、巨人・阿部慎之助＝首位打者・打点王、西武・森友哉＝首位打者）。

　通算本塁打記録は王貞治さん（巨人）の868号（世界記録）だが、それに次ぐ日本球界第2位の657号。通算350号から通算550号は日本で初の達成者だった。

　パ・リーグ記録部出身で、ノムさんと懇意にしていた『記録の神様』故・宇佐美徹也氏は、述懐した。

「ノムさんが1番誇りに思っていたのは、実は出場試合数なんだよなあ」

「捕手」という重労働のポジションながら3017試合出場。しかも「4番打者」「プレーイング・マネージャー」も務め、リアル三刀流であった。メジャー・リーグ最多出場であるイバン・ロドリゲス（レンジャーズほか91年〜11年）の2543試合を考えてみても驚異的である。

　2015年に捕手・谷繁元信君（大洋→中日）が3021試合に更新したときノムさんはボヤいた。

「彼は下位打線を打っていた。ワシは4番だったから」

負けず嫌いのノムさんらしい（笑）。

03　落合博満（内野手）

狙って本塁打を打てる

●53年12月9日生まれ、秋田県出身。178センチ、82キロ。右投げ右打ち
●秋田工高→東洋大中退→東芝府中→ロッテ（79年ドラフト3位）→中日（87年）→巨人（94年）→日本ハム（97年～98年）
★通算20年、2236試合、2371安打、打率・311、510本塁打、1564打点
★首位打者5度、本塁打王5度、打点王5度、最多安打1度、盗塁王0度
★MVP2度、ベストナイン10度、ゴールデングラブ賞0度、球宴15度
★主な記録＝三冠王3度、両リーグ200本塁打、1試合6四球
【江夏との通算対戦成績】
18打数6安打、打率・333、2本塁打6打点4四球2三振

オチ（落合博満）は社会人野球時代、76年に4番・一塁手として東芝府中を創部23年目で初の都市対抗野球出場に導いた。78年には木田勇投手（のち日本ハム）、森繁和投手（のち西武）らとともにアマチュア野球世界選手権日本代表に選出された。のちに中日・落合監督のコーチになる森繁和君とはこの頃からの付き合いである。

オチは78年秋のドラフト会議でロッテに3位指名された。巨人が江川卓君との「空白の一日」の契約無効の決定を不服とし、ドラフト会議をボイコットしなかったら、巨人はオチを2位指名する予定だったそうだから、オチの野球人生はどうなっていただろうか。

オチは81年に頭角を現わした。

3番（指名打者）リー、4番（三塁）有藤、5番（一塁）レオン、6番（二塁）落合

三塁は「ミスターロッテ」のアリさん（有藤通世）がドンと守っていたし、一塁はレオン。消去法の二塁手ではあった。しかし、その年のオールスター・ゲーム第2戦では、前年度ペナントレース優勝の**全パ・西本幸雄監督（近鉄）がオチを全パの4番に抜擢**す

るなど、先見の明を見せた。オチはその年、打率・326で初の首位打者を獲得した。だが81年、私はオチをほとんど抑えている。安打を打たれたのは一塁後方、ライト線へポテンと落ちるような安打ばかり。左翼方面に引っ張られた安打は皆無だ。

その81年、前期優勝のオチのロッテと、後期優勝の私の日本ハムが雌雄を決するプレーオフを戦った。結局、日本ハムがパ・リーグを制して、セ・リーグの巨人と戦うのだが、プレーオフ終了直後のことだった。

「江夏さん、食事に連れて行ってもらえませんか」

その流れで麻雀をやった。オチがリーチをかけてきた。

「待ちはイーピンとスーピンやろ」

「なぜわかるんですか？」

「野球と同じや。クセが出てきたらすぐわかる。オチは、オレを全然打てないやろ。**いい打者っていうのは、同じ球種をずっと待つもんだ。**オチみたいに1球1球、狙い球を変えてくるほど、投手にとって打ち取りやすい打者はいないんだよ」

あれをきっかけに、オチはいろいろ考えたと思う。

翌82年、ロッテと日本ハムの公式戦での秋田遠征。日本ハム1点リードの9回無死二・三塁。「ピッチャー・江夏」のアナウンス。

（イヤな場面やな……）

3番・アリさん三振、4番・リー三振。二死二・三塁で打席は5番・オチだ。

1球目ど真ん中カーブ見逃しストライク。2球目外角ボール球からストライクになるカーブ見逃しストライク。3球目、捕手の大宮龍男君がサインを出す。私は首を振る。首を振る。やっとのことで投じたのは、ど真ん中カーブ、見逃しストライク。

オチは微動だにしなかった。ストレートを待ち続けていたのだ。周囲の拍手喝采の中、私はマウンドを降り、日本ハムは勝利を手にした。**しかし、同じ球を待ち続けられるようになったオチに私は空恐ろしさを感じた。**

あの3連続カーブは、われながら傑作の配球だった。普通、2球目のカーブに手を出して引っ掛けるところなのだが、そこにオチの成長、打者としての充実が見て取れた。

以来、私はオチにきれいな安打を打たれるようになった（通算18打数6安打、打率・333、2本塁打6打点4四球2三振）。**82年・85年・86年と2年連続3度の三冠王だ。**

87年には、牛島和彦投手・上川誠二内野手・平沼定晴投手・桑田茂投手との間で1対4の交換トレードが成立。翌88年星野仙一・中日のリーグ優勝に貢献した。

94年にはFAで巨人移籍。

「長嶋ファンの私は、長嶋・巨人を優勝させるために来ました」

78年秋ドラフト以来、15年越しのオチの思いがかなった。3年間の巨人生活で、94年日本一、96年リーグ優勝に貢献した。**特に「94・10・08決戦」で中日のエース・今中慎二君から放った先制アーチは球史に語り継がれる。**

バットコントロールのすばらしさには目を見張るものがある。古い野球記者の話だ。

「89年のオールスター・ゲームのこと。神宮球場での試合前の打撃練習中。ダグアウト前ではなく、ふだんより少しフェアグラウンド近くで取材していたら、自分の1メートル横をライナーのファウルが飛んできました。（危ないなぁ。落合選手でもこんな方向にファウルを打つんだ）と思いながら、少しダグアウトに近づき取材を続けました。するともう1球、1メートル横に同じようなライナーのファウルが飛んできたんです。『まだわからないか。危ないからどけ、と言っているんだ！』。落合選手のバットコントロールのすばらしさに感激してしまいました」

オチは狙って本塁打を打っているのだろう。通算500安打、1000安打、1500安打、2000安打、もっと言えば通算1000試合出場、2000試合出場と節目の記録はすべて本塁打で達成している。

そういえば、オチは引退後に語っていた。

「オレの弱点はアウトロー（外角低め）だった。ただ、インコースの投球を広角に打てるし、ライト方向へ多く飛ばせるので、相手が勝手に『アウトコースはもっと危ない。勝負するならインコースだ』と得意なインコースばかりに投げてきて助かった」

04 ブーマー・ウェルズ（一塁手）

巨体のアベレージヒッター

●54年4月25日生まれ、米国アラバマ州出身。200センチ、100キロ。右投げ右打ち

●オールバニ州立大→ブルージェイズ（81年）→ツインズ（82年）→阪急（83年）→ダイエー（92年～92年）

★通算10年、1148試合、1413安打、打率・317、277本塁打、901打点

★首位打者2度、本塁打王1度、打点王4度、最多安打4度、盗塁王0度

★MVP1度、ベストナイン4度、ゴールデングラブ賞2度、球宴5度

★主な記録＝三冠王

【江夏との通算対戦成績】

5打数2安打、打率・400、1本塁打3打点1四球1三振

ブーマーとバースは、同じ83年日本球界入りの一塁手。何でも阪急も阪神も当初はバースに目をつけていて、双方の間で契約金の競り合いになったそうだ。

バースは85年・86年に三冠王を獲得しているが、ブーマーも84年に三冠王を獲得。バースが日本球界6年だったのに対し、**ブーマーは阪急で9年。どちらを獲得しても成功だったと言える。**


ブーマー・ウェルズの本名は、グレゴリー・デウェイン・ウェルズ。身長が200センチ100キロ近いことから「ブームを呼ぶ男」として、ブーマーと登録された。

来日1年目の春季キャンプ、場外本塁打を連発するブーマーの姿をテレビのスポーツニュースで見たお年寄りが心臓発作で倒れたり、その場外本塁打で近隣の住宅の器物が損壊されたりと、文字通り「怪人」はブームを巻き起こした。

・来日1年目の83年＝121試合137安打、打率・304、17本塁打、62打点。
・来日2年目の84年＝128試合171安打、打率・355、37本塁打、130打点。

84年に外国人選手初となる三冠王とMVPを獲得したが、**試合数を上回る打点、巨体ながらコンパクトなスイングで、三振がわずか33個しかないところに驚かされた。**

巨体でパワーヒッター。もっと振り回してくるタイプだと予想していたが、当たれば飛ぶことをしっかり自覚していた。長い左足を本塁方向に出して構えるクローズドスタンス、バットのグリップエンドを少し余らせて握り、ミート打法に徹した。

10年間の日本プロ野球の中で三振が合計で333ということは1年平均33個の少なさ。**通算打率・317は、4000打数以上では落合博満君を上回り、右打者の最高打率だ。巨体の外見からは想像できない、日本屈指の右のアベレージヒッターだった。**

86年・87年とゴールデングラブ賞を獲得しているように、大柄でも守備も上手かった。89年、オリックスに移籍していた門田博光さんとダグアウト前でハイタッチしたとき、門田さんは右腕を脱臼してしまった。脱臼グセがあったのだが、それを心配そうにのぞき込んでいた心優しいブーマーの姿が印象深いとともに、怪力ぶりがわかった。

92年にダイエーに移籍して打点王を獲得。日本球界10年で打率3割7度（うち・350以上2度）、40本塁打3度、100打点5度。球史に残る優良助っ人外国人選手だった。

05　ランディ・バース（一塁手）

阪神唯一「日本一」のMVP

●54年3月13日生まれ、米国オクラホマ州出身。184センチ、95キロ。右投げ左打ち
●ロートン高→ツインズ（77年）→ロイヤルズ（78年）→エクスポズ（79年）→パドレス（80年）→レンジャーズ（82年途中）→阪神（83年〜88年）
★通算6年、614試合、743安打、打率・337、202本塁打、486打点
★首位打者2度、本塁打王2度、打点王2度、最多安打2度、盗塁王0度
★MVP1度、ベストナイン3度、ゴールデングラブ賞0度、球宴3度
★主な記録＝三冠王2度、シーズン最高打率・389、7試合連続本塁打

【江夏との通算対戦成績】
対戦なし

言わずと知れた**「史上最強の助っ人」**の誉れ高いバースだ。先述のブーマーではないが、バースの本名の発音は「バス」だが、親会社が阪神電鉄だけに、不調時に「阪神バス故障」とか「阪神バス大ブレーキ」とマスコミに書かれることが目に見えていたため、登録名を「バース」と伸ばしたらしい。

85年4月17日、あの伝説の**「バース・掛布雅之・岡田彰布」のバックスクリーン3連発**（巨人・槙原寛己投手）は、64年以来21年ぶりリーグ優勝への序章だった。

85年王貞治さん（巨人）にあと1本と迫るシーズン54本塁打。85年・86年の2年連続三冠王。86年の7試合連続アーチ。86年シーズン最高打率・389。このあたりが、阪神ファンならずとも「史上最強の助っ人」と評価するゆえんだろう。

甲子園球場は、球団応援歌の「六甲おろし」ではないが、浜風が吹く。甲子園球場の外野席後方に海がある。この海風が、甲子園球場の一塁側内野席後方にある六甲山にはね返ることで、全体的に右翼から左翼に向かって吹く風になる。これが俗に言う「甲子園の浜風」だ。そのため、一般的に左打者不利と言われる。

バースは強振しなくても、ミートして打球をこの浜風に乗せればフェンス越えすることを掛布雅之君にアドバイスされたと言っていた。賢い打者だからこそ浜風を利用できたし、4割に迫る日本最高打率を残せたわけだ。

たまたまパ・リーグで落合博満君も85年・86年と2年連続三冠王だったが、セ・リーグでまともに勝負にいったのは江川卓君（巨人）と津田恒実君（広島）ぐらいだったから、バースのこの2年間の豪打が推察できるというものである。

85年日本シリーズは、吉田義男さんVS広岡達朗さんの「名遊撃手対決」の日本シリーズでもあった。第2戦で辻発彦君のスクイズの打球を、一塁手・バースは素手の右手でつかみ、三走・秋山幸二君の生還を阻止。広岡監督が残したコメントはこうだ。

「阪神は打つだけのチームだと思っていた。あの怪物（バース）にはアメリカに帰ってもらいたいですね」

ゴールデングラブ賞こそ獲っていないが、バースの守備は堅実だった。

阪神は「名門」と言われるが、他球団と比較してむしろ優勝は少ない（2リーグ制以降62年、64年、85年、03年、05年）。**唯一の日本一が85年であり、ペナントレース・日本シリーズともMVPはバース。**

35年たっても、まぶたに焼き付いている豪打。記録にも記憶にも残る強打者であった。

06 長嶋茂雄（三塁手）

「来た球」を打てる天才

●36年2月20日生まれ、千葉県出身。178センチ、76キロ。右投げ右打ち
●佐倉一高→立大→巨人（58〜74年）
★通算17年、2186試合、2471安打、打率・305、444本塁打、1522打点
★首位打者6度、本塁打王2度、打点王5度、最多安打10度、盗塁王0度
★MVP5度、ベストナイン17度、ゴールデングラブ賞2度、球宴16度、新人王
★主な記録＝2年連続30敬遠（日本記録）、入団17年連続100安打（セ記録）
最多安打10度（日本記録）

【江夏との通算対戦成績】
226打数62安打、打率・274、14本塁打、39打点、23四球、54三振

長島茂雄さんは２０２１年現在85歳。「わが巨人軍は永久に不滅です」の、けだし名言を残して現役を引退したのが74年だから、もう47年も前になる。60歳以上の読者でないと実際のプレーは覚えていないかもしれない。

その昔、海のものとも山のものともわからない「職業野球」（36年発足）は異端視された時代があった。花形の東京六大学野球の「本塁打記録８本」を引っ提げて58年にプロ入りしたのが長嶋さん。東京六大学の人気を、そのままプロに移行させてしまった。

「打ってくれと願ったときに打ってくれる」「やればやっただけ成果が出る」――戦後の日本の高度経済成長を、国民は華やかな長嶋さんに重ね合わせた。長嶋さんは日本復興の象徴的存在だったのだ。

長嶋さんがプロ入りした58年、私は10歳、小学４年生。やはり憧れの存在だった。

ドラフト会議は第１回から数えてもう56度を数えるが、私が指名された第２回の66年秋のドラフトは９月と11月の２度開催された。その第１次で私は、阪神・巨人・東映・阪急の４球団に指名され、阪神が交渉権を獲得した。勝負ごとや人生に、「もしも」や「たら、れば」は禁物だ。私だけではないが、「もしも」あのとき別のチームに入っていたら、また違った野球人生があったはずだ。それが公平という名のクジ引きのドラフト会議である。それにしても前年の第1回ドラフトで鈴木啓示さん（育英高→近鉄）を指名するはずだった阪神は、石床幹雄さん（香川・土庄高）に変更。「もしも」そのまま鈴木さんを指名獲得していたら、阪神は2年連続で高校出の左投手（私）を指名しなかっただろう。私は東海大入りが内定していたのだが、佐川直行スカウト（阪神）の「たぬき親父」ぶりに、方向転換させられたのだ（笑）。

さて、プロ1年目の67年、先発の村山実さんが血行障害で突然投げられなくなった試合。急きょ私が救援のマウンドに立ったのが、巨人戦初登板だった。

「4番・長嶋茂雄」のアナウンス――（おお、これが長嶋茂雄か）。2ストライクに追い込んだのに、ものの見ごとに左翼線二塁打。二塁ベースに滑り込んで立ち上がり、ユニフォームのほこりをパッパッと払う。私の顔を一瞥《いちべつ》さえしない。いくら私が日の出の勢いの投手だったとしても、10年第一線でやってきた矜持《きょうじ》。これぞプロ。（カッコいい）。

私は巨人ファンではないけれど、長嶋ファンになってしまった。

スイングスピードはケタ違い。普通だったら絶対打てないようなコースに決まっても簡単に打つ。体は左翼に向かって、打球は右翼へ飛ばすという特技を持っている人だった。逆に、投げた瞬間「しまった」という甘い球を、ヘルメットを飛ばして尻もちをついて空振りしている。

長嶋さんから三振を奪えばそれはそれで嬉しいけれど、あとまで残らない。逆に打たれても、なぜか悔しくない。喪失感がない。通算対戦成績を見ると、結構抑えているし、結構打たれている。でも印象にない。そういう意味で不思議な打者だった。

私は試合後に「何であのとき打たれなかったのか」「何であの球を振ってこなかったのか」の『ピッチングノート』のようなものをつけていたのだが、長嶋さんの場合、正直に言って分析できなかった。**言うなれば長嶋さんは『来た球を打てる天才』だった。**

一方、ムキになって戦った人もいた。ご存知、村山実さん（阪神）。59年天覧試合のサヨナラ本塁打。「あれはファウルや！」。以前も書いたけど、あのフレーズを私は10回や20回どころではない。１００回以上聞いている（笑）。打球は完全に入っていた。以降、村山さんは長嶋さんにムキになって投げる。村山さんは長嶋さんから通算1500三振目と通算2000三振目を奪った。長嶋さんもまたムキになって振っていた。2人の直接対決は通算302打数85安打で打率・281、21本塁打、39三振。

長嶋さんは、初代「ミスター・タイガース」の藤村富美男さんのファンだったらしい。2代目ミスター・タイガース村山さんのライバルは「ミスター・ジャイアンツ」。そして巨人の枠を飛び越えて「ミスター・プロ野球」。その後、「ミスター」と言えば、長嶋さんのことを指すようになった。

68年、私がシーズン354個目の三振を王貞治さんから奪い、日本新記録を樹立した翌9月18日。ジーン・バッキー（阪神）が王さんに2球続けて死球寸前の球を投げた。乱闘事件になってバッキーと荒川博打撃コーチ（巨人）が退場。

代わった権藤正利さんが王さんの後頭部を直撃する死球。王さんは担架で運ばれ、試合は20分中断。乱闘に参加しなかった長嶋さんは、その直後、権藤さんのカーブを35号3ラン。8回にもダメ押し2ランを放ち勝負あり。

73年巨人がＶ９を達成。川上哲治監督（巨人）は長嶋さんに引退を勧め、翌年から監督に就任するように言ったそうだ。

「お願いします。打たせてください。金も名誉もいりません。もう一度バットを持たせてください」（長嶋）

74年巨人は、中日に10連覇を阻まれる。王貞治さんが２年連続三冠王の偉業達成の一方、長嶋さんは入団17年連続１００安打をマークしながらも、打率・２４４（24位）、15本55打点の打撃成績だった。

何年前だったか。巨人・宮崎キャンプ取材でブルペンを視察したとき、あとから入ってきたミスターが私の姿を見つけた。「豊‼　こっちへ来い！」

練習中、その大きな声にみんなが驚いた。でも嬉しかった。新人時代は歯牙にもかけられなかった私が、長嶋さんに存在を認めてもらっている。日本のプロ野球が現在の隆盛を築けたのは、間違いなく長嶋さんあってのこと。同じ時代、18・44メートル向こうの「日本一の強打者」と対戦できたのは、投手冥利《みょうり》に尽きる以外、何ものでもない。

07　広瀬叔功（外野手）

走攻守で日本記録

●36年8月27日生まれ、広島県出身。１７６センチ、72キロ。右投げ右打ち
●大竹高→南海（55年〜77年）
★通算23年、２１９０試合、２１５７安打、打率・２８２、１３１本塁打、７０５打点
★首位打者1度、本塁打王０度、打点王０度、最多安打１度、盗塁王５度
★ＭＶＰ０度、ベストナイン３度、ゴールデングラブ賞1度、球宴９度
★主な記録＝連続盗塁成功31（パ記録）

【江夏との通算対戦成績】
対戦なし

広瀬叔功《よしのり》さんは、「世界の盗塁王」福本豊さん（阪急）が「神」と崇める人物である。福本さんが社会人野球時代は、広瀬さんと同じ背番号12をチームからもらい、大阪球場に広瀬さんのプレーを観戦に行ったそうだ。

「プロに入ってからも広瀬さんは、自分にとって雲の上の存在」（福本豊）

・広瀬＝通算　５９６盗塁（失敗１２３。成功率・８２９）
・福本＝通算１０６５盗塁（失敗２９９。成功率・７８１）

64年の**「連続盗塁成功31」**は、19年山田哲人（ヤクルト）に破られるまで日本記録だった。

私は公式戦で広瀬さんと直接対決こそないが、69年球宴第2戦（甲子園）、通算１３１本と本塁打が多くない広瀬さんに、一発叩き込まれたのが忘れられない。

広瀬さんは、野村克也さん（南海）の1歳下で、同じようにテスト入団だった。投手としてのプロ入りだったが、高校出1年目にヒジを痛めて打者（遊撃手）に転向した。**2年目の56年はプロ初打席から実に7打席連続安打。**野村さんの話が面白かった。

「長い間（55年〜77年）一緒に過ごしたが、独身寮でバットの素振りをしているところなど一度も見たことがない。**私は生まれてこのかた、本当の天才という人間を3人しか知らない。長嶋茂雄、イチロー、そして広瀬だ**」

私も広瀬さんを天才だと思う。当の広瀬さん本人は、こんなことを語っている。

「63年オフ、当時あった『10年選手制度』を控え、ボーナス満額を目当てに初めての猛練習を自分に課した。64年打率・３６６で首位打者（2位東映張本勲・３２８）、72個で盗塁王と自己最高の成績を残すことができた。あとにも先にもあれほど練習したことはない」

打率・３６６は、85年落合博満君（ロッテ）に抜かれるまで、長く右打者の最高打率だった。**72盗塁でリーグ初の４年連続最多盗塁。実は当時「盗塁王」は正式なタイトルではなかった。それを、広瀬さんがあまりに走るものだから、日本野球機構が「盗塁王」を新たに表彰項目にしたのである。**

ほとんど練習しなかった（？）だけに、練習すればそれなりの好結果を出してしまう天才なのである。

天才の証明はまだある。私は広瀬さんを名外野手で、遊撃も守れるのだと思っていた。事実、外野手としての記録を何か持っているはずだ（**63年外野手シーズン最多守備機会353**）。もともと外野が本職ではなく、投手↓遊撃↓外野と転向した。遊撃手としては送球に難があったようだ。

しかし、外野手としての送球なら十分だ。「送球で走者をアウトにする」補殺数。外野手として通算102補殺（1505試合）をマーク。**1補殺あたりの試合数は14・75**。数字が小さいほど強肩という指標である。

参考までに、同じく強肩中堅手と評される飯田哲也君（ヤクルトほか）14・16（92補殺／1303試合）、新庄剛志君（阪神ほか）14・65（92補殺／1348試合）、山本浩二さん（広島）14・76（154補殺／2273試合）。広瀬さんは最上位に位置する。

私が75年に南海に移籍してから、とても可愛がってもらった。私より1歳上の門田博光さん（南海）がよく言っていた。

「年が2つも違えば話も満足にさせてもらえなかった時代なのに、気さくな広瀬さんはよく話しかけてくれた」

私は野村監督に「抑え投手転向」を指示された。出番は最後の「7回・8回・9回」なので早めに準備をすれば集中力が保てない。ダグアウトに座りっぱなしでは腰が痛む。野村監督からは「好きなように調整していい」とのお墨付きをいただいていた。しかし、その話がチームに共有できていなかった。広瀬さんが大好きなだけにこう言われたのはショックだった。

「ベンチ入りメンバーは全員ダグアウトで1回から野球を見る。それをロッカーでグウグウ寝やがって。江夏は勝手なことをしているという声が野手から出ている。どういうことや」

「広瀬さん、かくかくしかじか、こういうわけなんです」

「よっしゃ、わかった！　野手組に言うといたる」

いまでこそ抑え投手のコンディショニングの常識となっているが、未開分野、獣道を切り開くというのはそれなりの苦労がある。それを広瀬さんはすぐ理解してくれた。

思い出深い「プレー」を紹介する。

打者走者に「耳付きヘルメット」が義務付けられたのは、70年に外木場義郎さん（広島）が田淵幸一さん（阪神）の左こめかみに死球を与えてしまってからだ。ヘルメットをかぶるとき、ふだんの帽子の上にヘルメットをかぶる人もいるし、帽子をダグアウトに置いて、頭に直接ヘルメットをかぶって打席に入る人もいる。

広瀬さんはちょっと違う。**帽子をユニフォームの腹の中に入れ、内角球をかすらせて死球をいただく。**現役通算22年で39死球。多くはないが、ここぞの場面で出塁していた。天才の職人芸だ。

08　張本　勲（外野手）

打率3割16度　ひとケタ上のトリプル・スリー

●40年6月19日生まれ、広島県出身。181センチ、85キロ。左投げ左打ち
●浪華商高→東映（59年）→巨人（76年）→ロッテ（80～81年）
★通算23年、2752試合、3085安打、打率・319、504本塁打、1676打点
★首位打者7度、本塁打王0度、打点王0度、最多安打3度、盗塁王0度
★MVP1度、ベストナイン16度、ゴールデングラブ賞0度、球宴18度、新人王
★主な記録＝通算「打率3割・3000安打・500本塁打・300盗塁」（日米でウィリー・メイズと2人だけ）、サイクルヒット

【江夏との通算対戦成績】
11打数5安打、打率・455、1本塁打、5打点、0四球、0三振

TBSテレビの番組『サンデーモーニング』のスポーツコーナー『週刊 御意見番』で「喝」「あっぱれ」とやっている張本勲さんを知らない人はいないだろう。

首位打者7度、日本プロ野球歴代1位の通算3085安打。

王貞治さん（巨人）と同学年で。私が阪神入りした67年時点で、すでに首位打者1度を含む5度（プロ8年間）の打率3割をマークしているスター選手であった。

その1年目のオープン戦、初めての対戦を鮮明に覚えている。3打数3安打。ポテンヒットとかボテボテ安打ではなく、きれいなロングライナーでカーン、カーン、カーン！　中前、左前、右前に見事に打ち分けられた。まさに広角打法、いわゆるプロの洗礼。すごい人だなというのが第一印象だ。

テレビで観るように態度は大きい（笑）。しかし、野球そのものは意外にスモールベースボール的なところもあって、遊前に転がしてダッと走って内野安打が多かった。あんな巨体なのに俊足で、シーズン40盗塁をマークしたこともあるんじゃないか（63

年41盗塁。南海・広瀬叔功45盗塁に次ぐ2位)。だから脚力に各チーム、かなり神経を使った。

バットを捕手寄りに倒して始動し、水平に振った。「バットは振り抜かなくていい。投球にぶつければ飛んでいく」が持論。巨体のパワーが生み出す長打力もあって、通算500本塁打をマークしている。

75年球団初の最下位に沈んだ長嶋茂雄・巨人は、76年に張本さん(日本ハム)VS高橋一三さん・富田勝さん(南海→巨人)の1対2の交換トレードを敢行した。

巨人に移籍した張本さんは76年・3547(1位中日 谷沢健一・3548)、77年・348でともに打率2位(1位ヤクルト若松勉・358)、熾烈なバットマンレースを繰り広げた。

長嶋さんが引退した75年は、王貞治さんひとりが他チームにマークされた。ON砲(王・長嶋)ならぬHO砲(張本・王)の誕生。**張本さんが安打で出塁し、王さんが本塁打で還す。長嶋・巨人1次政権2連覇の原動力になった。**

78年・79年に私が広島、張本さんが巨人。そして81年に私が日本ハム、張本さんがロッテに在籍し、対戦した。通算対戦成績を見ると、11打数5安打、打率・455、1本塁打5打点0四球0三振の数字が残っている。

67年初対戦のオープン戦で3本打たれて以来、対戦するときは、思い切って両サイドを攻めた。だが、内角、特に胸元にほおると怒る。「豊、向こう（外角）に投げろ」と。そういうことが平気で言える人。普通、言わない（笑）。

故・野村克也さんによれば「打席に入ったとき、一塁走者が盗塁すると怒った。一塁走者がいる状況だと、けん制球に備え一塁手が一塁に張り付くため一・二塁間が広がり、安打の確率が高くなる。自分のことを棚に上げ、テレビで喝なんて言っている場合ではないだろう」と（笑）。

ただ、私と交換トレードとなった江本孟紀さん（東映→南海→阪神）と対談したとき、こんな優しい一面もあるという話を聞いた。

「入団1年目（71年）のキャンプの打撃練習に投げたとき、コワモテの大杉勝男さん、白仁天さんに対して1球もストライクが入らず、投手コーチ・土橋正幸さんからも罵倒された。『次にストライクが入らなかったらプロを辞めます』――そう言うつもりでいたら、張本さんが次のボール球を文句を言わずに打ってくれた。そのうちストライクが入りだした」

日本球界唯一の通算3000安打で、誰もが認める安打製造機。70年の打率・383は、86年ランディ・バース（阪神）が更新するまで16年間日本記録だった。首位打者7度はイチローと並ぶ日本記録。

のちに右の落合博満君（ロッテほか）とか、イチロー君（オリックス→マリナーズほか）とか、強打者はたくさん出てきたが、それまでの第一人者といえば、張本さんがトップだろう。

打率3割は実に16度、500本塁打、300盗塁という、トリプル・スリーどころか、「ひとケタ上のトリプル・スリー」だ。通算500本塁打かつ通算300盗塁を記録しているのは張本さんだけなのだ。

09　若松　勉（外野手）

外角緩い球を狙い、内角速球を腰の回転で弾き返す

●47年4月17日生まれ、北海道出身。168センチ、76キロ。右投げ左打ち
●北海高〈甲子園〉→電電北海道（現NTT北海道）→ヤクルト（71年ドラフト3位〜89年）
★通算19年、2062試合、2173安打、打率・319、220本塁打、884打点
★首位打者2度、本塁打王0度、打点王0度、最多安打1度、盗塁王0度
★MVP1度、ベストナイン9度、ゴールデングラブ賞2度、球宴11度
★主な記録＝2試合連続代打サヨナラ本塁打（史上2人目）、サイクルヒット

【江夏との通算対戦成績】
94打数　20安打、打率・213、0本塁打2打点6四球15三振

ワカ（若松勉）は私より1歳上。ドラフトで指名されたときは23歳ですでに結婚していて、「体が小さいからプロは無理だ」とスカウトの訪問を7度もスッポかした。

しかし打撃コーチを務めていた、あの「怪童」中西太さんがワカの素質にほれ込んでいた。逃げ回るワカを口説き、入団にこぎつけ、マンツーマンの指導を施した。それは「外角低めの緩い球を狙っておいて、内角高めの速球がきたらを腰の回転で弾き返す」という独特なもの。そうすれば緩い球に泳がない。慣れれば反応できるということだ。

プロ2年目の72年に打率・329で早くも首位打者を獲得する。168センチの「小さな大打者」の誕生だ。だが、太ももは私と同じ68センチもあった。強靭な下半身が鋭い打球が生み出した。**77年は打率・358で2度目の首位打者に輝く。503打席でわずか14三振。36打席（約9試合）に1三振の割合である。**

72年と73年は2年連続でリーグに打率3割が2人だけ。両年とも3割をマークしたのはワカだけだった（72年1位ヤクルト若松勉・329、2位広島三村敏之・308、3位巨人王貞治・296。73年1位巨人王貞治・355、2位ヤクルト若松勉・313、

3位谷沢健一・295)。

そんなワカから私は結構、三振を奪っている。75年まで私の在籍した阪神とヤクルトで対戦、78年から80年まで広島とヤクルトで対戦した(通算対戦成績参照)。100打席で15三振。6・7打席に1三振の割合だ。

ワカは阪神戦(甲子園)になると、バットを持ってこない。いつも私からバットを3、4本せしめていった。私はグリップエンドが丸い感じのタイ・カップ式を使用していた。実は森昌彦さん(巨人)からいただいていたのだが……。だからワカの通算2173安打のうち、13安打くらいは私のおかげと言っていいのではないか(笑)。

投手の松岡弘さん(47年生まれ、倉敷商高→三菱重工水島→68年ドラフト5位。通算191勝)、安田猛さん(47年生まれ、小倉高→早大→大昭和製紙→72年ドラフト6位。通算93勝)、打者でワカ、大矢明彦さん(47年生まれ、早稲田実高→駒大→70年ドラフト7位)の「47年カルテット」が入団、成長してからチームは強くなった。

それまでのヤクルトと言ったら、もう「ごっつぁん」。どこが「ごっつぁん」かというと、強い弱いではなく、普通に戦っていれば、勝手に自滅するタイプのチームだった。

私がセ・リーグ広島に戻ってきた78年、私たち投手陣は広島市民球場の外野で試合前のランニングをしていた。ワカが私を追っかけてくる。

「お〜い豊〜。マジック3になった。これが1になって、ゼロになったらどうする?」

「どうするって優勝やないか」

「優勝のとき、どんな顔すりゃいいんだ?」

「何言っとんねん。オレは優勝したことないんだぞ。オレに聞いてもわかるかい」

本当に憎めない人柄だ。

78年3番若松・341、17本71打点、4番大杉・327、30本97打点、5番チャーリー・マニエル・312、39本103打点の強力クリーンアップで、見事球団創設29年目の初優勝を飾った。日本シリーズでも阪急を破った。

ときは流れ、01年シーズン前の下馬評を覆しヤクルトはリーグ優勝、日本一に輝く。

「ファンの皆様、おめでとうございます!」（若松）

何言っとんねん。ワカが優勝監督だろ。おめでとう!　本当に憎めない（笑）。

10　福本　豊（外野手）

打って出塁　盗塁は目でするものだ

●47年11月7日生まれ、大阪府出身。169センチ、68キロ。左投げ左打ち
●大鉄高〈甲子園〉→阪急（69年ドラフト7位〜88年）
★通算20年、2401試合、2543安打、打率・291、208本塁打、884打点
★首位打者0度、本塁打王0度、打点王0度、最多安打4度、盗塁王13度
★MVP1度、ベストナイン10度、ゴールデングラブ賞12度、球宴17度
★主な記録＝通算1065盗塁（リッキー・ヘンダーソン1406、ルー・ブロック938）、シーズン四球リーグ1位6度、初回先頭打者本塁打43本（日本記録）、サイクルヒット

【江夏との通算対戦成績】
40打数9安打、打率・225、0本塁打、7打点、9四球、13三振

フク（福本豊）は1歳上。同じ大阪で、大阪学院高時代に対戦した。それ以来の顔見知りだ。フクは大鉄高の2番を打って、高3夏に甲子園に出場した。当時からミートはうまかったが、足は驚くほどの速さではなかった。1番を打っていた小柄（164センチ）な左打ちの外野手・高橋二三男のほうが足も速かったし、打撃もよかった。高橋は社会人野球の鐘淵紡績、新日鐵広畑を経て71年ドラフト1位で西鉄（現・西武）に入団した。

フクは松下電器（現・パナソニック）を経て69年ドラフト7位で阪急（現・オリックス）に入団した。

この『華のドラフト69年組』の阪急入団選手は1位・山田久志君（通算284勝）、2位・加藤秀司君（英司＝通算2055安打）、フク（通算2543安打）と、実に3人が「名球会」入りの成績を満たし（投手で通算200勝または250セーブ、打者で通算2000安打）、阪急日本一3連覇（75年～77年）の原動力となっている。

この69年入団組はドラフト1位選手だけでなく、東映4位・金田留広さん（通算12

8勝)、中日2位・水谷則博君(通算108勝)、中日3位・大島康徳君(通算2204安打)、中日9位・島谷金二さん(通算1514安打)ら、人材の宝庫だった。

フクは、加藤秀司君を見に来たスカウトに見初められたらしい。

「先輩、スポーツ紙に何かおもろいこと載ってまっか?」

「おもろいことって、オマエきのうのドラフトで指名されとるがな」

近鉄の社員食堂に勤務していたフクの父親は「ライバル関係になる近鉄さんに申し訳が立たない」と、会社を辞めて阪急沿線にラーメン店を開いたそうだ。いかにも義理堅い福本家らしい(笑)。

盗塁王・広瀬叔功さん(南海)を尊敬していたフクは、西本幸雄監督に言われた。

「走る前に、まずヒットを打って塁に出なくては、走れないだろう」

2軍で打撃を磨いたフクは、プロ2年目の70年、127試合116安打、打率・274、60四死球75盗塁。この年から13年連続盗塁王を獲得するのである。

72年は実にシーズン106盗塁。四球で出塁すれば二塁盗塁、犠牲バントで三塁に進塁、内野ゴロの間に本塁を陥れる。「ノーヒットで1点」――相手チームにこの上ないダメージを与えるのが、阪急黄金時代の得点パターンだった。

盗塁阻止はバッテリーの共同作業。このフクの足を封じるために野村克也捕手兼監督（南海）は「投手のクイックモーション」を考え出すのである。

一方のフクは言った。

「盗塁のコツは、スタート、スピード、スライディングの3S。なかでも1番大事なのはスタートだ。そして盗塁は目でするもんや」

フクの盗塁をスタートの思い切り、スピードだけだと思われているファンが多いかもしれないが、投手の投球時・けん制時のクセを見つけるために躍起になったそうだ。

私は日本ハム時代（81年～83年）・西武時代（84年）に阪急と対戦している。セットポジションに入る。一塁走者・フクが走るのを目で抑えるのではない。〝口〟で抑えた（笑）。

「おいフク、走るなよ」

「わかってるよ（笑）」

しかし阪急の上田利治監督は血相を変えて大声で叫ぶ。

「おいフク、何しとんねん。サインを出しとるだろが！」

78年日本シリーズで大杉さんの打球を巡って1時間19分も抗議したこともある、いかにも生真面目な上田監督らしい。日本ハムナインばかりか、阪急ナインも腹を抱えて笑っていた。


現役引退後は98年阪神打撃コーチに就任した。翌99年野村克也・阪神新監督はフクを外野守備・走塁コーチに配置転換した。それはそうだろう。捕手として、あれだけ苦しめられた「世界の盗塁王」に走る技術を選手に伝授してもらいたい。しかし、フクはかつての恩師・西本幸雄監督の教えをかたくなに守った。

「走る前に、まずヒットを打って塁に出なくては、走れないだろう」

打撃ばかりを教えて、99年限りで阪神コーチの職を解かれたのである（苦笑）。

西本幸雄さんは、阪急監督から近鉄監督に転じ、79年に球団創設30年目にして悲願のリーグ優勝を果たした。そして79年日本シリーズ、あのいわゆる『江夏の21球』だ。雪辱を期した翌80年も近鉄は広島の後塵《こうじん》を拝するのであった。

張りつめていた緊張の糸が遂に途切れたのか、81年近鉄は最下位に沈む。監督生活20年で実に8度リーグ優勝（大毎1、阪急5、近鉄2）。しかし、悲願の「日本一チャンピオンフラッグ」は、西本監督の頭上に遂に一度も翻らず、「悲運の闘将」の異名をとった。

勇退を決めた西本監督は、近鉄―阪急最終戦（日生球場）、教え子である両チームナインから惜別の胴上げをされた。いまでこそ「両チームからの胴上げ」はときに見られるが、あんな光景、初めて見た。西本監督がいかに選手たちから慕われていたか。

奇しくもあの胴上げからちょうど30年。11年、西本さんは隠棲していた兵庫宝塚市の自邸において91歳で他界した。

愛弟子のフクがあふれる涙をぬぐったのは「アンダーシャツ」の袖だった。礼服ではなく、阪急のユニフォームを着て、大粒の涙をこぼしながら通夜と葬儀に参列した。

「いまの自分があるのは、西本監督のおかげです」

天国に旅立つ西本さんに、そんなことを伝えたかったに違いない。

西本監督はときにゲンコツ指導であった。いまの時代では受け入れられない。しかし、決して人をほめないスーちゃん（近鉄・鈴木啓示）が、そしてフク（福本豊）が、ヤマ（山田久志）が、口をそろえるのだ。

「西本さんは違うんだ」

なぜ教え子に慕われたのか。口下手だから先に手が出た。しかし、そのゲンコツに深い愛情を感じたからだ。

81年広島から日本ハムに移籍した私は、近鉄戦のたびに西本監督に言われたものだ。

「おい豊、オマエのおかげでオレは日本一になれなかったぞ」

嫌味を言われても味があった。生前、西本監督は周囲にこう洩らしていた。

「私が本当に悲運なら、とっくに戦争で死んでいる。3チームで素晴らしい選手に巡り合え、日本シリーズに8度も連れて行ってもらえた。幸運な凡将や」

3チームで優勝監督になったのは三原脩さん（巨人・西鉄・大洋）と西本さんだけである。西本さんの法名は「慈徳院釋将幸」（じとくいんしゃくしょうこう）――「悲運の闘将」どころか、教え子みんなに慕われる「幸せな名将」だった。
84年西武を最後に私は36歳でユニフォームを脱いだ。これは私が初めて公言すること
だが、願わくば、西本幸雄監督のもとで球を投げてみたかった。

フクは、83年ルー・ブロック（カージナルス）の持つ通算938盗塁の記録を超えた。

当時の中曽根康弘首相から国民栄誉賞を打診されたが、「立ちションもできんようになる」

と固辞したそうだ。


フクは169センチ68キロの小柄な体。**通算2543安打あってこその1065盗塁。**

大したものだ。

11　レロン・リー（外野手）

助っ人外国人通算打率トップ・320

●48年3月4日生まれ、米国出身。183センチ、86キロ。右投げ左打ち
●グランドユニオン高→カージナルス（67年）ほか→ロッテ（77年～87年）
★通算11年、1315試合、1579安打、打率・320、283本塁打、912打点
★首位打者1度、本塁打王1度、打点王1度、最多安打1度、盗塁王0度
★MVP0度、ベストナイン4度、ゴールデングラブ賞2度、球宴4度
★主な記録＝外国人打者通算最高打率・320

【江夏との通算対戦成績】
17打数2安打、打率・118、0本塁打1打点3四球7三振

来日1年目から打率・317（パ4位。1位ロッテ・有藤道世・329）、34本（本塁打王）、109打点（打点王）。もう少しでいきなり三冠王だった。

翌78年には弟のレオン・リーも来日する（ロッテ78年→横浜大洋83年→ヤクルト86〜87年＝通算1255試合4667打数1436安打、打率・308、268本塁打、884打点）。

ロッテは強力打線を形成する。80年など打率1位リー・358（首位打者）、2位レオン・340、11位有藤さん・309だ。そして81年から落合博満君が3年連続首位打者に輝いた。

リーは、本当にミートが上手くて長打力もある。何でこんな選手が……という思いもあったが、リーは米国でやはりドラフト1巡目指名の好素材だったのだ。メジャー・リーグでは通算8年間で404安打、打率・250、31本塁打といま一歩結果を残せていない。

私は76年と77年は南海、81年から83年は日本ハム、84年は西武に在籍した。ただ、リーには打たれた記憶がない。なぜならリーは左投手のカーブを苦手にしていたからだ（通算対戦成績＝17打数2安打、打率・118、0本塁打1打点3四球7三振）。

当時、永射保（西武）という変則左腕がいて、タモツもリーを対戦打率1割台に抑え込んでいた。左打者の背中から曲がってくるようなカーブ。私の記憶が確かなら、リーは苦肉の策で、確か右打席に立ったこともあるはずだ。

日本プロ野球では「5000打数以上の打率トップが若松勉・319（20年現在＝青木宣親・325）」「4000打数以上の打率トップがリー・320」と表記することが多かった。

4000打数以上というのは「1年400打数として10年プレーした選手」という意味だろう。しかし、「日本プロ野球なのに、外国人打者がトップというのはいかがなものか」ということで、4000打数打者と5000打数打者を分けている印象も受けた。

せっかくなら「2000安打以上の打率トップが若松勉・319」「**1500安打以上の打率トップがリー・320**」としたほうがスマートな気もした。いずれにせよ外国人打者打率トップはリーだ（2位阪急ブーマー＝打率・317、3位レオン打率・308）。

リーの通算安打1579安打は、08年タフィ・ローズ（近鉄→巨人→オリックス）1792安打に抜かれるまで、外国人選手として実に21年間歴代最多を誇った。ちなみに20年現在のトップはアレックス・ラミレス（ヤクルト→巨人→DeNA）の通算2017安打である。

12　古田敦也（捕手）

捕手のリードを打撃に生かす

●65年8月6日生まれ、兵庫県出身。182センチ、80キロ。右投げ右打ち
●川西明峰高→立命大→トヨタ自動車→ヤクルト（90年ドラフト2位～07年）
★通算18年、2008試合、2097安打、打率・294、217本塁打、1009打点
★首位打者1度、本塁打王0度、打点王0度、最多安打1度、盗塁王0度
★MVP2度、ベストナイン9度、ゴールデングラブ賞10度、球宴17度
★主な記録＝1試合4本塁打

【江夏との通算対戦成績】
対戦なし

「高校時代の夏はいつも1勝1敗（2回戦敗退）だった」（古田）

古田敦也君は兵庫・川西明峰高時代、「甲子園は近くて遠い憧れの場所」だった。そして甲子園に出場した同い年の池山隆寛君（市立尼崎高→ヤクルト84年ドラフト2位＝通算1521安打304本塁打）を羨望のまなざしで見つめていたという。

立命大に進学した古田君は強肩の捕手として注目を浴びるが、「メガネ捕手は大成しない」というジンクスが球界に根強く残り、まさかのドラフト指名洩れの屈辱を味わった。

社会人野球のトヨタ自動車に進んだ古田君はソウル五輪に出場するが、ここで幾多の日本代表クラスの投手の球を受ける。結果的にこれが打撃に関して吉と出たのかもしれない。まず、好投手が相手でも臆することがない下地ができた。

「ソウル五輪代表候補は潮崎哲也（松下電器→西武）・佐々岡真司（NTT中国→広島）らがいたけど、与田剛（NTT関東→中日）・佐々木主浩《かずひろ》（東北福祉大→大洋）・西村龍次（ヤマハ→ヤクルト）でも選ばれていなかったくらい。スピードなら野茂より与田が

速かった」（古田）

ソウル五輪では銀メダルを獲得。15年野球殿堂入り選出の祝福スピーチで、ソウル五輪エース格の野茂英雄君が「社会人野球で下位打線を打っていた古田さんが、通算2000安打をマークするなんて夢にも思わなかった」と話したくらいの打力だった。

ヤクルト入団時は、野村克也監督だった。**「捕手のリードを打撃に生かせ」。球種にヤマを張った。「ヤマが外れたら仕方ない」。この割り切り、思い切りのよさが古田君の武器であった。**プロ2年目、落合博満君と熾烈なバットマンレースを繰り広げ、打率・340で首位打者を獲得するのである。捕手による打撃3部門（打率、本塁打、打点いずれか）のタイトル獲得は野村さん、田淵幸一さんに次ぐ史上3人目だった。

3年目の92年は30本塁打をマークして、ヤクルト14年ぶり優勝に貢献。

「僕は30本塁打を1度マークして、本塁打を打てることは証明できたので、安打タイプをめざすことにしたのです。本塁打をめざすと、三振も増えます。結果的に、本塁打をたくさん打てずに100個近い三振を喫して、捕手が試合からはずされるのは、チームにとってマイナスだと思います。安打を狙いにいって、結果本塁打になるというスタンスのほうがいいのではないかと思って、シフトチェンジしたのです（打率3割8度は捕手最多）」

ヤクルト優勝時には78年チャーリー・マニエル（39本103打点）、92年・93年はジャック・ハウエル（38本87打点・28本88打点）、95年はトーマス・オマリー（31本87打点）、01年はロベルト・ペタジーニ（39本127打点）と左の助っ人長距離砲が在籍したが、97年優勝時は古田君が打率・322ながら、わずか9本塁打（86打点）で「4番打者像を変えた男」と呼ばれた。

それでも03年には史上5人しかいない「1試合4本塁打」をマークしている（51年松竹・岩本義行、64年巨人・王貞治、80年日本ハム・ソレイタ、97年日本ハム・ウィルソン）。通算本塁打も217本である。

04年は「球界再編」騒動が起こったが、古田君は「闘う選手会長」として球団数削減を阻止する一方、ベストナイン・ゴールデングラブ賞を獲得する活躍を見せた。

05年、**大学・社会人出の通算2000安打は史上初であった。**捕手による通算2000安打は、野村克也さん（南海→ロッテ→西武）、谷繁元信君（大洋→中日）、阿部慎之助君（巨人）の4人しかいない。

06年・07年は、野村克也さん以来、球界29年ぶりのプレーイング・マネージャー（選手兼任監督）を務めた。後進に捕手のポジションを譲り、チャンスに「代打・オレ」と右親指でみずからを指さす仕草はファンを喜ばせた。

それにしても関西出身の好捕手を、阪神はなぜ他球団に取られてしまうのであろう。田淵幸一さん（法政一高→法大→阪神）、木戸克彦君（PL学園高→法大→阪神。85年優勝）はよしとして、古田君（川西明峰高→立命大→トヨタ自動車）、矢野燿大《あきひろ》君（桜宮高→東北福祉大→中日→阪神。03年・05年優勝）は、阪神が指名してもよかったのではないか。

18年から3年連続でゴールデングラブ賞を獲得している梅野隆太郎君（福岡工大城東

高→福岡大）は、しっかり打てる捕手である。梅野君のさらなる成長を期待しよう。

13　前田智徳（外野手）

「打撃の美学」を追求した日本野球の革命者

●71年6月14日生まれ、熊本県出身。176センチ、80キロ。右投げ左打ち
●熊本工高〈甲子園〉→広島（90年ドラフト4位～13年）
★通算24年、2188試合、2119安打、打率・302、295本塁打、1112打点
★首位打者0度、本塁打王0度、打点王0度、最多安打0度、盗塁王0度
★MVP0度、ベストナイン4度、ゴールデングラブ賞4度、球宴7度
★主な記録＝1試合6安打（延長戦）

【江夏との通算対戦成績】
対戦なし

前田智徳君（広島）は、広島の後輩である。プロ入り時代、鬼軍曹と呼ばれた厳しいゴウやん（大下剛史）に基礎を叩き込まれた。前田君の話をする前に、ゴウやんの話を少しする。

ゴウやんは、広島商高から駒大を経て67年第2次ドラフト2位で東映（現・日本ハム）に入団した。当時の東映は、張本勲さん・大杉勝男さん・白仁天さんら『暴れん坊軍団』との異名を取っていたが、大下さん・大橋穣さんの二遊間コンビは華麗な守備で観客を魅了していた。

日本ハムとのオープン戦、171センチ63キロという小柄で細身の体ながら、ゴウやんのガッツあるプレーにほれ込んだジョー・ルーツ監督が交換トレードをまとめ、75年広島に移籍。「一番・二塁手」でベストナイン、ゴールデングラブ賞、盗塁王を獲得する働きで、広島悲願の初優勝のけん引役になった。その年のMVPが山本浩二さんで、89年監督就任とともに、ゴウやんをヘッドコーチとして招へいした。

ゴウやんにしごかれ、**プロ2年目の91年「1番・中堅」、プロ初本塁打を開幕戦先頭**

打者本塁打で飾ったのは前田君だけである。のちに2番打者でレギュラー定着、7年ぶりリーグ優勝に貢献。外野手として史上最年少のゴールデングラブ賞を獲得、94年まで4年連続で獲得した。

95年ヤクルト戦、打球を放ち一塁への走塁時に右アキレス腱を断裂。ここから前田君の苦闘のプロ生活は始まった。弱音を吐かない前田君が、高校時代の野球部長に「先生、取りかえられるもんなら、足を取りかえたいんじゃ……」と苦悩を口にしたそうだ。

07年前田君が積み重ねた安打は遂に通算2000本に到達した。何とか前田君にその試合で達成させようと8回裏に打者一巡。前田君は右前に火の出るような当たりを飛ばした。通算2000安打達成後のヒーローインタビューでは感激に声を詰まらせた。「この日が来るのはアキレス腱を切って以来、夢のまた夢でした。ケガをして、チームの足を引っ張ってきました。こんな選手を、応援していただいて、ありがとうございます」

あるプロ野球記者は当時を述懐する。

「アキレス腱を切った試合を取材していたし、その後の前田選手の苦労を見ていました。『こんな選手』だなんて、とんでもない。素晴らしい打撃技術を見せてもらいました。打撃をとことん追求し、武骨で『侍』を感じさせる選手でした。それだけに最近のテレビ慣れした解説が少し残念ではありますが……（苦笑）」

前田君の打撃に対する求道者ぶりのエピソードはたくさんある。伝説の大打者・榎本喜八さん（通算２３１４安打、首位打者２度）をほうふつとさせる部分もある。

北別府学君（広島）が先発した92年９月13日東京ドームでの巨人戦。中前への打球を後逸し、ランニング本塁打で同点としてしまった。前田君は石毛博史君から決勝勝ち越し２ランを放ったが、自分に悔しくて号泣し、ヒーローインタビューを拒否。

川口和久君（広島→巨人）によれば**「凡打でもニコニコしているときがあるし、逆にホームランを打っても不機嫌なときがある。打撃に対する彼なりの独自の美学があるんでしょう」**

94年巨人戦（福岡ドーム）で、槙原寛己君が完全試合を達成。「ワシと江藤さんがケガで欠場したカープを抑えて、そんなに嬉しいですかと、槙原さんに言うとってください」
13年、引退を表明した前田君がジッちゃん（水谷実雄＝広島。通算1522安打＝78年首位打者、83年打点王、89～93年広島打撃コーチ、13年阪神打撃コーチ）にあいさつ。「前田、もう苦しまんでええのぉ」とねぎらったら、前田君は水谷にすがって泣き出したそうだ。

球史を代表するバットマンも前田君を絶賛する。
落合博満君「**現在（99年）の日本球界に天才打者は2人。1人はイチローで、もう1人が前田。前田の打撃フォームは、理想の打撃フォームだ。マネしていいのは前田だけ**」
イチロー君「**あの人の打撃にはかなわない。僕のことを天才だと言う人がいますが、本当の天才は前田さんです**」
松井秀喜君「**広角に打てるしチャンスに強い。いつも打ちそうな雰囲気が漂っていて凄みがある。日本で一番いい打者かもしれません**」

いずれにせよ、この天才打者にタイトル獲得が1度もないのは球界の七不思議である。

14 イチロー（外野手）

世界最多安打

●73年10月22日生まれ、愛知県出身。180センチ、79キロ。右投げ左打ち
●愛工大名電高〈甲子園〉→オリックス（92年ドラフト4位）→マリナーズ（01年）→ヤンキース（12年途中）→マーリンズ（15年）→マリナーズ（18年〜19年）
★通算28年、3604試合、4367安打、打率・322、235本塁打、1309打点
★首位打者9度（日7、米2）、本塁打王0度、打点王1度（日）、最多安打12度（日5、米7）、盗塁王2度（日1、米1）
★MVP4度（日3，米1）、ベストナイン10度（日7、米3）、ゴールデングラブ賞17度（日7、米10）、球宴17度（日7、米10）、新人王（米）
★主な記録＝日米通算4367安打（日1278、米3089）（ピート・ローズ4256、張本勲3085）、3年連続MVP（山田久志と並ぶ）、首位打者7度（張本勲と並ぶ）、シーズン安打262（米）、10年連続200安打（米）

【江夏との通算対戦成績】対戦なし

イチロー君を見出したのは、仰木彬監督。いわゆる『江夏の21球』（79年）のときの、近鉄三塁コーチャーだった。

仰木さんには選手の個性を伸ばす育成・起用法が根底にある。野茂英雄君（近鉄）の『トルネード投法』にしても、イチロー君（オリックス）の『振り子打法』にしても、仰木監督の存在があってこそである（88年〜92年近鉄監督、94年〜01年・05年オリックス監督）。**93年イチロー君のプロ初本塁打が野茂君からだったのも何かの縁か。**

イチロー君は愛工大名電高時代、2年夏は稲葉篤紀君（ヤクルト→日本ハム→侍ジャパン代表監督）を擁する中京大中京高を愛知大会決勝でくだし、3番・左翼手で甲子園出場。3年春のセンバツは投手で甲子園に出場したが、投手としてはあまり目立つ存在ではなかった。

イチロー君はプロ入りしたとき、「投手はもうしたくない。投手ほどシンドイものはない」と言ったことがあったそうだ。高校3年間の通算成績は536打数269安打、打率・502。すごい数字である。

私に言わせれば投手のほうが面白いと思うが……。まあ、投手の練習は投げるか、走ってばかりだから。その点、打者はやることがたくさんあって変化に富む。なおかつ、イチロー君には、守備においてレーザービームの異名を取った強肩、走塁における盗塁という武器がある。

日本では94年にシーズン２１０安打を放って打率・３８５の高打率で首位打者。その年から**７年連続首位打者である。**首位打者7度は張本勲さん（東映）に並ぶ。95年・96年はオリックスが優勝を果たし、**３年連続ＭＶＰを掌中に収めた。**これは山田久志君（阪急）に並ぶ偉業である。長きにわたって好調を維持したということだ。

メジャー・リーグでは、95年野茂君が奪三振王・新人王を獲得したように、イチロー君も01年首位打者・盗塁王・新人王・ＭＶＰを獲得した。

04年には、84年間破られることのなかったジョージ・シスラーの歴代メジャー・シーズン最多安打記録２５７安打を塗り替え、２６２安打まで伸ばした。

01年から10年連続シーズン２００安打をマーク。

07年ランニング本塁打を含む3安打でオールスターMVP。

メジャー・リーグだけで通算3089安打を放っており、日本最多の張本勲さん（東映→巨人→ロッテ）の通算3085安打の上をいく。

また日本球界での1278安打を含めた日米通算4367安打は、ピート・ローズ（レッズほか）の持つMLB通算最多安打記録4256安打を上回るものである。

日本9年・米国19年の現役通算28年。19年のマリナーズ開幕戦（東京ドーム）で引退を発表した。

06年・09年WBCで日本の金メダル獲得の原動力となった。07年オールスターMVP獲得後のインタビューで「打率が2割2分でいいなら、40本塁打は打てると言っておきましょう」。安打を量産することの偉大さを日米に知らしめたイチロー君は、日本が世界に誇る強打者である。

15　小笠原道大（内野手）

パ→セ2年連続MVP

●73年10月25日生まれ、千葉県出身。178センチ、84キロ。右投げ左打ち
●暁星国際高→NTT関東→日本ハム（97年）→巨人（07年）→中日（14年〜15年）
★通算19年、1992試合、2120安打、打率・310、378本塁打、1169打点
★首位打者2度、本塁打王1度、打点王1度、最多安打2度、盗塁王0度
★MVP2度、ベストナイン7度、ゴールデングラブ賞6度、球宴11度
★主な記録＝「3割30本80打点」9度（歴代2位）、両リーグMVP、サイクルヒット

【江夏との通算対戦成績】
対戦なし

小笠原道大君は、95年ドラフト1位でヤクルトに入団した北川哲也投手と、高校時代バッテリーを組んでいた。社会人野球のNTT関東を経て、プロ入りした。しかし、日本ハム入団当時は野村克也監督の指導を受けた野口寿浩捕手がレギュラーに定着しており、打撃を生かして一塁手に転向する。

あの大きな構えの『神主打法』は、打撃コーチの加藤英司君や巨人から移籍してきた落合博満君の影響を受けたようだ。

99年は「送りバントをしない2番打者」として、レギュラーに定着。**松坂大輔君（西武）のプロ初登板の試合で初被弾となる2ランを浴びせている。**

2番を任され、全135試合出場156安打、打率・285、25本83打点、**0犠打。**

日本ハムのチーム打率は98年・255とリーグ6位だったのが（5位ダイエー・254、1位西武・270）、99年2位・260（1位オリックス・263）と飛躍するのは、攻撃的打線と無関係ではあるまい。

「送りバントをしない2番打者」――ある意味、現代攻撃型日本野球のパイオニアで

ある。手前味噌になって誠に恐縮だが、「リリーフ投手は、二流投手」と言われた時代に、「今後は先発、中継ぎ、抑え投手の分業制が来る。球界に革命を起こしてみろ」（野村克也）の言葉を信じてリリーフ投手に転向した自分の過去が懐かしい。

メジャー・リーグにならって、19年の坂本勇人君（巨人）のようにいまでこそ打率3割40本塁打を打てるような強打者が2番に座るが、それまでは「バントで送って1点を奪い、1点を守る野球」だった。

それを強打で2、3点を一気に狙っていく。投手からしたらバントで送ってくれれば、まず一死が取れ気分的に落ち着くところなのだ。

走者一塁で、一塁手が一塁ベースに張りついているため、一・二塁間が大きくあいている。左打者が普通に引っ張って、右前に打球を運べば一・三塁になる。

この「無死（一死）一・三塁」というのは、攻撃陣にとってはこの上ないチャンスだ。送りバント、スクイズ、盗塁、重盗、犠牲飛球、ヒットエンドラン、強打……。

その分、守備陣にとっては守備隊形が難しい、この上ないピンチである。野村克也さんのミーティングには「一・三塁の攻防」という項目があったほどだ。

主力打者に成長した小笠原君は、**翌00年から03年まで「打率3割30本80打点」を4年続け、06年から10年まで5年続ける。この「打率3割30本80打点」9度は、王貞治さん(巨人)に続く2位である。**

・06年日本ハム＝135試合155安打、打率・313、32本、100打点
・07年巨人＝142試合177安打、打率・313、31本、88打点

セ・パ両リーグでのMVP獲得は私(79年広島、81年日本ハム)以来2人目であり、リーグをまたいでの2年連続MVP獲得は史上初の快挙であった。

小笠原君は11年に通算2000安打を達成、14年からはプロ入り時に影響を受けた落合博満君がGMを務める中日に移籍した。

16　山内一弘（外野手）

教えだしたら止まらないシュート打ちの名人

●32年5月1日生まれ、愛知県出身。175センチ、77キロ。右投げ右打ち
●起工高→毎日（52年）→阪神（64年）→広島（68年〜70年）
★通算19年、2235試合、2271安打、打率・295、396本塁打、1286打点
★首位打者1度、本塁打王2度、打点王4度、最多安打0度、盗塁王0度
★MVP1度、ベストナイン10度、ゴールデングラブ賞0度、球宴16度
★主な記録＝1イニング2本塁打（史上5人目）

【江夏との通算対戦成績】
34打数　4安打、打率・118、0本塁打1打点3四球9三振

日本の打撃術には大別して２つの系統があるようだ。**1つは山内一弘（32年生まれ）式、もう1つは中西太（33年生まれ）式だ。**

重心のかけ方として、山内式は後ろ側の足を軸にして体を回転させるオーソドックスな「軸足打法」、中西式は後ろ側の足から前側の足に体重移動する「テニス打ち打法」。

内角球の打ち方として、山内式は内角高目速球やシュートに詰まっても、そのまま振り切る。ミートした瞬間、軸足をクルリと回転させ、（右打者の場合）左ヒジを突き出すようにして詰まった力を外に逃してやるとバットは振り切れる。

振り切れれば打球は伸びてフェンスを越える。何もスタンド上段まで届かなくても最前列でも本塁打に変わりなし。フェンス越えしなくても、フェンス近くまで飛べば二塁打になる。山内さんは「シュート打ちの名人」の異名を取り、通算二塁打記録保持者だった。

山内式の代表的な打者は他に、野村克也さん、落合博満君、松井秀喜君、松中信彦君、和田一浩君、中村剛也君らが挙げられる。

同じく内角球の打ち方として、中西式は外角低めの変化球を意識しておいて、内角高めの速球がきたら腰の回転で弾き返す。普通、振り遅れないように内角高めの速球を意識しておいて、外角低めの変化球がきたらワンテンポ遅らせてバットを出す。しかし、そうすると外角低めの変化球に泳がされる可能性が高い。

だから、その逆なのだ。最初から外角低目変化球を意識しておけば体勢を崩されないし、慣れれば内角高目速球がきたら反応できるようになる。こちらは、原辰徳君、古田敦也君やイチロー君が代表例だ。

さて、山内一弘さんは、田宮謙次郎・榎本喜八・葛城隆雄らとともに**大毎ミサイル打線の中核を担った。60年は打率・313、32本103打点でリーグ優勝に貢献してMVPに輝いている。**

20勝を4度挙げていた小山正明さん（阪神）を交換相手に64年「世紀のトレード」が成立した。打率は・257に終わったが、**全140試合出場、31本94打点でみごと阪神をリーグ優勝に導いた。**

私が阪神入団時（67年）の4番打者を務めていたが、翌68年に広島・根本陸夫監督に請われ、無償トレードとなった。68年は全134試合出場、打率・313、21本塁打、69打点。日本初の通算300本塁打打者の意地を見せた。王貞治さん・長嶋茂雄さん（ともに巨人）に次ぐセ・リーグ打率3位。**広島は球団創設19年目で初のAクラス（セ・リーグ3位）入りを果たし、自身も通算10度目のベストナインを受賞。**

私と対戦したころは選手晩年で、70年を最後に現役引退。しかし、口は達者だった。あだ名は『かっぱえびせん』。教えだしたら、やめられない止まらない。山内さんに半ば無理やりに打撃指導を受けた投手も存在する（笑）。

当時の山内さんの薫陶を受けたのが山本浩二さん（75年首位打者）、水谷実雄さん（78年首位打者）、高橋慶彦君（80年最多安打）らだ。掛布雅之君（阪神）も指導を受けている。バットのグリップを持つ両腕をグルグル回転させリラックスして投球を待つ。また前側の足のヒザの上げ方など、みな山内さんにそっくりだ。

「日本のプロ野球で一番速かったのは、浪商から東映に入った尾崎行雄（62年～73年＝通算107勝）やな」

阪神時代、遠征先の旅館の大広間で晩飯を済ませたあと、山内さんを中心にみんな車座になって打撃談議をした。山内さんの投手攻略法の話を聞くのが楽しかった。

趣味は鉄砲射ちと釣り。私も兵庫・姫路に猪を射ちに連れて行ってもらったし、名球会のハワイ旅行ではルアー釣りに興じた。引きがねを引く集中力・竿を引くタイミングは、打撃のミートに好影響を及ぼすのかもしれない。

バイオリズムも監督采配に採り入れた。バイオリズムとは、生命体の生理状態、感情、知性などは周期的パターンに沿って変化するというもの。大毎の流れを汲むロッテ監督時代（79年～81年）も、出身地愛知の中日監督時代（84年～86年）も、「バイオリズムが目新しくて最初の1～2年のチーム成績がいいんだが、どうも長続きしないなあ」と苦笑していたのが懐かしい。

16　山内一弘(外野手)

17　大杉勝男（一塁手）

月に向かって打て

●45年3月5日生まれ、岡山県出身。181センチ、88キロ。右投げ右打ち
●関西《かんぜい》高→丸井→東映（65年）→ヤクルト（75年〜83年）
★通算19年、2235試合、2228安打、打率・287、486本塁打、1507打点
★首位打者0度、本塁打王2度、打点王2度、最多安打1度、盗塁王0度
★MVP0度、ベストナイン5度、ゴールデングラブ賞1度、球宴9度
★主な記録＝6試合連続本塁打（パ記録）、両リーグ1000安打（史上初）

【江夏との通算対戦成績】
42打数6安打、打率・143、1本塁打4打点5四球14三振

私が新人の67年当時、球宴は現在のような2試合制ではなく、選手の引退後の資金（年金）獲得のために3試合制であった。前年のリーグ優勝監督が、球宴の監督として指揮を執る。

川上哲治監督（巨人）が「江夏、行ってくれ」。私はその球宴で3連投、大杉さんとの対戦は、第3戦の大阪球場だった。

高校出新人の私が先輩たちを相手に内角の厳しいところを攻めるわけにはいかない。あとは、よく曲がらないカーブしか球種がない。外角を狙った球が、少し真ん中に入ったところを、ものの見事に「ガーン！」。満塁本塁打だ。

「月に向かって打ったんです！」――ＭＶＰに選ばれた大杉さんがヒーローインタビューで発した言葉だった。プロ3年目で球宴初出場だった大杉さんは、全国デビューを果たした。

大杉さんを指導したのは飯島滋弥打撃コーチ。自身の現役時代（大映）、51年の試合で1回満塁本塁打、7回3ラン・満塁本塁打を放ち、1イニング7打点・1試合11打点は現在も日本記録である。

ユーモアに富んだ人で、夜間の打撃指導で大杉さんに「あの月に向かって打ちなさい」と教えたそうだ。月に向かってアッパースイングをするというのではなく、そのくらいの「大きな気持ちで打撃に臨みなさい」という意味だったのだろう。

その67年大杉さんは全１３４試合出場、打率・２９１、27本塁打81打点でレギュラーの座をつかむ。翌68年から６年連続30本塁打を記録。

土井正博さん（近鉄ほか＝43年生まれ。通算２４５２安打４６５本塁打）、長池徳士《あつし》さん（阪急＝44年生まれ。通算１３９０安打３３８本塁打）らと切磋琢磨し、超一流スラッガーの道を歩み始めるのである。

球宴の月夜に満塁アーチを架けられた私の大杉さんに対するイメージはパワーヒッターだが、周囲の大杉評を聞くと「巧打者だ」が大勢を占めている。

「力任せに打つタイプだと思っているかたも多いと思うが、テクニックで打つタイプだった」（阪急・山田久志）

「高めは少しアッパースイング、真ん中はレベルスイング、低めはうまく払う。コンパ

クトに振っても打球が伸び、非凡なものを感じた」（東映・張本勲）

「落合は配球を読んで打つタイプで、初対面の投手は若干苦手にしていた。一方の大杉さんはストレートを待っていて、変化球に対応できた」（ヤクルト捕手・八重樫幸雄）

そう言われてみると自分のスイングを持っていた。投手に合わせてスイングに強弱をつけるのではなく、1、2の3で打ってくる人だった。

75年大杉さんは、内田順三さん（広島・巨人の打撃コーチで有名）と小田義人さん（75年パ打率2位）と2対1の交換トレードでヤクルトに移籍した。

78年日本シリーズ、日本一4連覇を狙う上田利治・阪急と、球団創設29年目のリーグ初優勝を遂げた広岡達朗・ヤクルトが相まみえた。東京六大学野球で神宮球場が使用できなかったため、ヤクルトの主催試合は後楽園球場で行われた。

3勝3敗で迎えた**第7戦の6回裏、大杉さんは足立光宏さんから左翼ポール際に本塁打を放った。この判定を巡って上田監督が1時間19分に及ぶ猛抗議をするが、判定は覆らなかった。**大杉さんは次の第4打席8回裏二死から「これならどうだ！」とばかり、

今度は山田久志君から文句なしの本塁打を放ち、ヤクルトは日本一の栄冠に浴した。

三塁ベースを回ったあと、飛行機のように両手を広げて満面の笑みでホームインした大杉さんの雄姿は、いまも私の脳裏にこびりついている。

引退の83年史上初の「両リーグ1000安打」を達成（東映1171、ヤクルト1057）。同記録は他に落合博満君（ロッテ・日本ハム1096、中日・巨人1275）、和田一浩君（西武1032、中日1018）がいる。「2球団1000安打」は金本知憲君（広島1179、阪神1360）、谷繁元信君（横浜1002、中日1105）。いずれにせよ大記録だ。

大杉さんの本塁打はパ287本、セ199本。引退試合での「あと1本はファンの皆様の中で打たせていただければ、これにまさる喜びはありません」が、引退試合でのスピーチだった。

現在、日本で通算200勝以上の投手は24人、通算250セーブ以上の投手は3人、通算２０００安打以上の打者は53人。そこにメジャー・リーグでの記録も加えられる。昭和以降の生まれの人が「名球会」に入っているのだが、残念ながら最初に亡くなられたのが大杉さんだった。92年、47歳の若さだった。

岡山出身の方で、顔といい風貌といい、どこから見てもスマートさはなかった。でも、やはり人間的にはすごく魅力のある人だったなあ。

大杉さん、あと1本の本塁打は、もうとっくに私の夢の中で打っていますよ。

18　田淵幸一（捕手）

がんばれホームランアーチスト

●46年9月24日生まれ、東京都出身。186センチ、90キロ。右投げ右打ち
●法政一高↓法大↓阪神（69年）↓西武（79年〜84年）
★通算16年、1739試合、1532安打、打率・260、474本塁打、1135打点
★首位打者0度、本塁打王1度、打点王0度、最多安打0度、盗塁王0度
★MVP0度、ベストナイン5度、ゴールデングラブ賞2度、球宴11度、新人王
★主な記録＝4打数連続本塁打

【江夏との通算対戦成績】
23打数4安打、打率・174、2本塁打、2打点、4四球、3三振

ブチ（田淵幸一）は、「華のドラフト69年組」で、鳴り物入りで阪神に入団した。プロではは年齢がすべて。プロ入りは67年の私が先でも、大学出で46年生まれのブチは私より2歳上だ。

「江夏さん、これからよろしく」

「江夏さん？　そんな呼び方されたら気持ち悪いわ」

「いや、プロでは先輩だから」

68年に25勝で最多勝のタイトルを獲得、シーズン４０１奪三振の記録を樹立した私を気遣ってくれたのだ。

ブチはひとことで表現すると「本当にいい人」だ。お坊ちゃんタイプ。おっとりしている。他人の悪口は決して言わない。純真な子供がそのまま大人になったような人間。

「オレより年上なんだから、これからは豊でええ。オレもブチと呼ばせてもらう」

当時、マスコミからは「東のＯＮ」に対して、「西の黄金バッテリー」誕生と言われたものだ。

初打席は対大洋戦で私の代打。平松政次さん（大洋）のシュートに手が出ず三振デビューした。

当時の阪神捕手には「ヒゲ辻」と呼ばれた辻佳紀さん・「ダンプ辻」と呼ばれた辻恭彦さんがいたが、強肩・強打の即戦力捕手としてすぐにレギュラー定着。盗塁企図58、盗塁刺31、**盗塁阻止率・534。22本塁打を放ち、捕手として初の新人王を獲得。**

2年目の70年、外木場義郎さん（広島）から左こめかみに死球を受け、耳から出血、昏倒。入団当時「キリン」のあだ名だったのが、薬の副作用か太ってしまったようだ。

ときは流れ、79年か80年の春季キャンプ。当時、私は広島に在籍し、ブチは西武。オープン戦が終わったあとか、たまたま休日だったのか。夜、2人で食事に行った。

「おい、豊。頭にきた」

「何を怒っとんねん」

「この前の休みにな、オレ、映画行ったんだ」

「何、観てん?」

「『がんばれ‼ タブチくん‼』」

「だから何に怒っとんや」

「客席が、ガラガラだ」

(そっちかい……。「自分を題材にして、よく描いてない!」ではなく……)

とっさに気のきいた慰めの言葉が見つからなかった私は、「そうか、また入るときもあるで」と言うしかなかった。


ブチの打球は高く舞い上がって、「アーチを描く」「弧を描く」という表現がふさわしい。天性のホームランバッター、アーチストだ。

75年には王貞治さんの14年連続本塁打王を阻止して、初タイトルの可能性が出てきた。当時の阪神投手陣は上田次朗さん(通算92勝)であり、谷村智啓《ともひろ》さん(通算72勝)であり、古沢憲司さん(通算87勝)。「いい人」のブチにタイトルを獲らせてあげたい。

巨人戦前のミーティング。投手陣は当然ながら王貞治さんとの勝負に神経を使う。ブチは打者ミーティングが終わると、バッテリーミーティングに来たがったのだけど、「オマエ来るな、ややこしくなるから」。ブチは寂しそうな顔をしていた（苦笑）。

それぐらい投手陣は「王さんに打たれたくない、ブチにタイトルを獲らせたい」という気持ちが強かった。だからブチの本塁打王が決まったときは、心から「ブチ、おめでとう！」と、投手陣みんなで喜び合ったのを覚えている。

ブチはいつしか、藤村富美男さん、村山実さんに続く「3代目ミスター・タイガース」の称号を手に入れていた。阪神在籍10年、4番打者としての出場数812試合（チーム歴代3位）、248本塁打（チーム歴代1位）、574打点（チーム歴代3位）と、「3代目ミスター・タイガース」と呼ぶにふさわしい成績だ。

79年から新生・西武に移籍。阪神から田淵・古沢の2人、クラウン（西武）から真弓明信・竹之内雅史・若菜嘉晴・竹田和史の4人という大型トレードであった。

私は日本ハム時代（81年〜83年）に西武のブチと対戦した。配球を読むなどは一切ない。来た球を打つタイプ、対応するタイプ。しかし、2本塁打されている。

ブチは変化球、カーブに対してては結構ついてきていたからストライクゾーンに入れるときはかなり神経を使った。腕が長いから私は内角にほおって打撃フォームを崩した。外角低目もそんなにうまくさばけなかった。カウント3ボール2ストライクからボール球を投じたらやっぱり振ってきて、三振に打ち取って黄た。

83年日本シリーズ、広岡達朗・西武VS藤田元司・巨人は球史に残る激闘だった。ブチは第1戦で江川卓君から3ラン、第5戦で西本聖君からも本塁打、優秀選手賞受賞。

通算474本塁打。長嶋茂雄さんの上を行ったわけだから大したものだ。そういう意味で天才だ。最終的に王貞治さんは9250打数で868本塁打、本塁打率は10・66。**ブチは5881打数で474本塁打、本塁打率は12・41。**松井秀喜君は日本球界で4572打数332本塁打、本塁打率13・77。清原和博君の14・88や落合博満君の14・95よりも上だ。

84年、奇しくも同じ西武のユニフォームで現役を引退したのも何かの縁に違いない。

19　山本浩二（外野手）

配球読みのコウジ

●46年10月25日生まれ、広島県出身。183センチ、82キロ。右投げ右打ち
●廿日市高→広島（69年ドラフト1位～86年）
★通算18年、2284試合、2339安打、打率・290、536本塁打、1475打点
★首位打者1度、本塁打王4度、打点王3度、最多安打0度、盗塁王0度
★MVP2度、ベストナイン10度、ゴールデングラブ賞10度、球宴14度
★主な記録＝5年連続40本塁打（歴代2位）、通算500本塁打・200盗塁（史上2人目）、サイクル安打

【江夏との通算対戦成績】
山本浩二　154打数36安打、打率・234、6本塁打14打点11四球29三振

私より2歳上のコウジは『**華のドラフト69年組**』。野手では『法大三羽烏』の山本浩二さん（広島）・田淵幸一さん（阪神）・富田勝さん（南海）、大橋穣《ゆたか》さん（東映＝現・日本ハム）。投手では山田久志君（能代高→富士製鐵釜石→阪急＝通算284勝）、東尾修君（箕島高→西鉄＝通算251勝）、星野仙一さん（明大→中日＝通算146勝）、野村収さん（駒大→大洋ほか＝通算121勝）らが名を連ねた（いずれもドラフト1位）。

「ホームランを狙えるのは、東京六大学記録22本塁打を放った田淵」
「山本浩司（のちに浩二）は守備は上手いが、打つほうはいまひとつ」
「走攻守そろった富田が1番実戦的だ」

それが『法大三羽烏』へのスカウト陣の前評判だった（富田はプロ14年通算1303試合、1087安打、打率・270、107本塁打、451打点、126盗塁）。

事実、プロ1年目の69年、私の曲がらないカーブ（苦笑）にタイミングが合わず切り切り舞いしていた。私が広島に移籍した78年、こんな会話をしたものだ。

「豊のカーブは打てんかったのう」（笑）

「コウジが下手やから打てんがや」（笑）

プロ9年目の75年、球宴でサチ（衣笠祥雄）と2人で2打席連続アベック本塁打して、広島の同学年の主砲・ＹＫ砲（山本・衣笠）は全国に強烈アピール。その余勢を駆って**打率・３１９、30本84打点、球団創設26年目の初優勝の原動力になり、ＭＶＰに輝いた。**

私が広島に移籍したころ（78年〜79年）はまさにコウジの全盛期。**77年から81年まで5年連続40本１００打点、打率３割も４度。**掛布雅之君（阪神）とタイトルを争っていた。広島は79年・80年とリーグ連覇。79年は私がＭＶＰ、**80年はコウジが全１３０試合出場、打率・３３６、44本、１１２打点でＭＶＰに選出された。実に頼もしい４番打者だった。**

内角球に対して、思い切り左足を開いて打球を右方向に持っていった。**右投手の外角スライダーを読み切って、左足を踏み込んでやはり右方向に本塁打した。「配球読みのコウジ」だ。**

86年4度目のリーグ優勝を最後にユニフォームを脱いだ。40歳とはいえ126試合121安打、打率・276、27本、78打点。まだまだ現役を続けられたのではないかという成績だった。

メジャー・リーグでは「通算500本塁打は野球殿堂入りの切符」とも言われ、達成者は27人いる。**日本では通算500本塁打以上は8人いるが、大学出プロで達成した唯一の選手がコウジである。背番号8は球団史上初の永久欠番だ。**

余談だが、昭和50年代（75年～85年）は「オールスター歌合戦　大相撲VSプロ野球」が年末年始のテレビ番組として人気だった。プロ野球選手はパンチパーマ、ストライプのスーツ、場合によってはサングラスというのが流行のファッションだった。

そんな格好をして私、コウジ、サチ（衣笠祥雄）が「広島駅の新幹線ホームに立つと、広島という土地柄もあって迫力がある」と何かの本に書いてあったのを読んだことがある。私の入団時、新幹線の中で遭遇したアロハシャツ姿の近鉄の選手たちも十分怖かったけどな（苦笑）。

20 衣笠祥雄（三塁手）

屈指のオールラウンド・プレーヤー

●47年1月18日生まれ、京都府出身。175センチ、73キロ。右投げ右打ち
●平安高〈甲子園〉→広島（65年〜87年）
★通算23年2677試合2543安打、打率・270、504本塁打1448打点
★首位打者0度、本塁打王0度、打点王1度、最多安打1度、盗塁王1度
★MVP1度、ベストナイン3度、ゴールデングラブ賞3度、球宴13度
★主な記録＝2215試合連続出場（日本記録）、通算500本塁打・200盗塁（史上3人目）、サイクル安打、通算161死球（セ記録）、代打の代打で満塁本塁打

【江夏との通算対戦成績】
168打数23安打、打率・137、6本塁打、9打点、23四球、51三振

「何をやらしても、コイツはなんて不器用なんだろう」

三塁守備、2番打者でのバント、フルスイングしたらバットとボールがこんなに離れている……。私が78年広島でサチ（衣笠祥雄）とチームメイトになって感じた第一印象だ。**ただ一つ言えたのは「野球をこよなく愛している」ことだ。**

人一倍練習して試合に出て、試合で失敗しても、決して強くない酒を飲んで気分転換し、翌日また野球に臨む。その姿勢が素晴らしかった。**野球が好きでなければ、あんな連続出場なんて、できるはずがない。**

頑丈なことから『鉄の馬』の異名を取ったルー・ゲーリッグ（ヤンキース　23年～39年）の２１３０試合連続出場をサチは破った。入団時の背番号28、横山光輝の漫画『鉄人28号』から取った**「鉄人」のニックネームで呼ばれた。**２２１５試合連続出場まで伸ばし、そのまま引退。国民栄誉賞を受賞した。（編集部注／その後、カル・リプケン・ジュニアが98年２６３２試合連続出場まで更新）

サチは山本浩二さん（広島）と同い年だが、65年入団だからドラフト制度導入前の最終年だ。連続試合出場の大金字塔を樹立して国民栄誉賞を受賞、年輪を重ねるごとに人格者になっていった。

しかし、若いころはご多分に洩れずヤンチャだった。よく山口県岩国の米軍基地近くまで遊びに行き、夜を徹して飲み歩いた。ある日、仲よくなった米軍兵に「明日からベトナム戦争に行くんだ」と告げられてから、**平和な国で好きなことができることの幸せをかみしめ、野球に真剣に打ち込むようになったそうだ。**

根本陸夫監督のもと、広岡達朗守備コーチ、関根潤三打撃コーチに練習を課せられて、厳しさのあまり泣きながらバットを振ったこともあるという。

71年は打率・285ながら長嶋茂雄（巨人＝打率・320）に次ぐ打撃ベストテン2位。翌72年は打率・295（4位）、29本塁打（3位）、99打点（巨人・王貞治に次ぐ2位）と頭角を現し、75年サチの背番号は3に昇格する。

私の投球の話を、少しする。「駆け引き」には間（ま）が大切だ。「投球フォームの間」――投球フォームを微妙に変えて、同じストレートでもスピードを変える。「投球間隔の間」――捕手から返球があって次の投球までの間。いろんな間があるわけだ。相手打者は必ず投手の目を見てくる――目が合ったら、そらす。牽制球を入れる。長く球を保持してみる。それらが「駆け引き」だ。

私は「走者満塁、カウント3ボール2ストライク」の状況で、意識的にボール球を投げて三振に討ち取ったことが生涯2度だけある。1度はサチに対して、もう1度は田淵幸一さん（西武）に対してだ。胸元にボール球を投じられたサチのバットは空を切った。「駆け引き」だ。必ず振ってくるとの確信があった。結果的に私の「阪神最後の（完投）勝利」となった。

しかし、広島の勢いは止まらず、75年広島は悲願の初優勝を遂げる。

阪神からパ・リーグ南海に渡った2年間で私は救援投手に転身した。今度はセ・リーグ広島に移籍した78年、いきなりサチ（衣笠）からこんな嫌味を言われた。

「エエなぁ、ピッチャーは。1試合投げたら休めるから」

サチは連続試合出場を続けていた。それから「毎試合でも投げてやる」と意地で全試合ベンチ入りした。「連投が続いてきょうは投げられない」と古葉竹識監督に伝えておいても、容赦なく「ピッチャー・江夏」の場内アナウンスが流れる。ベンチ入りするということは、他の投手の登板機会の可能性を奪うことでもあるのだ。

79年、サチの連続フルイニング出場が途切れた。「プロ野球選手だから打撃不振であれば交代するのは仕方ない」と記者会見で淡々と語ったが、**連続試合出場にこだわるゆえ、サチはロッカーで大荒れし、手当たり次第に物を投げて大変だった。**

そんなサチのあの言葉は胸に刺さった。79年日本シリーズ3勝3敗で迎えた第7戦、9回裏4対3と広島リード。俗に言う『江夏の21球』だ。

無死満塁。打者・佐々木恭介君。池谷公二郎君と北別府学君がブルペンに向かったのが私の目に入った。

(この期に及んで、リリーフを準備するのか!? オレと心中じゃないのか)

私の胸中を察したサチが、一塁からマウンドに駆け寄ってきた。

「豊、気持ちはわかる。でもな、オマエが投げなきゃ始まらない。ここはピッチングに集中しろ。**オマエに何かあったら、オレも一緒にユニフォームを脱ぐから」**
（連続試合出場にこだわるサチが、オレのために辞めてくれると言うのか）
あのひとことで私は冷静さを取り戻し、佐々木三振、石渡茂スクイズ失敗、石渡三振。広島初の日本一。『江夏の21球』が完成したのだ。

サチは死球を受けてもカッコよかった。何事もなかったかのように一塁に向かった。通算161死球はセ記録。79年西本聖君（巨人）からの死球で左肩甲骨を骨折。連続試合出場の記録がかかっていた。翌日の試合は代打で三振。「1球目はファンのために、2球目は自分のために、3球目は西本君のためにスイングしました」と試合後にコメントした。

サチというと、連続試合出場ばかりがクローズアップされるが、盗塁王（76年）と打点王（84年）も獲得している。守備も練習の成果で上達し、ゴールデングラブ賞3度。**通算500本塁打で200盗塁。球界屈指のオールラウンド・プレーヤーだった。**サチの自慢は「プロ入り1号は村山実さんから、100号は江夏豊から」だったなあ。

21 門田博光（外野手）

160センチ台で日本3位、500本塁打

●48年2月26日生まれ、山口県出身。170センチ、81キロ。左投げ左打ち

●天理高〈甲子園〉→南海（70年ドラフト2位）→オリックス（89年）→ダイエー（91年～92年）

★通算23年、2571試合、2566安打、打率・289、567本塁打、1678打点

★首位打者0度、本塁打王3度、打点王2度、最多安打0度、盗塁王0度

★MVP1度、ベストナイン7度、ゴールデングラブ賞0度、球宴14度

★主な記録＝2試合連続サヨナラ本塁打（パ初）

【江夏との通算対戦成績】

22打数6安打、打率・273、4本塁打、10打点、4四球14、三振

私が南海に移籍した76年、打者でカド（門田博光）、投手でミチ（佐藤道郎）と仲良くなった。2人とも私より1歳上。

当時、南海は和歌山県田辺という場所で春季キャンプを行っていた。朝9時半に起床。私とミチは急いでユニフォームに着替え、そのままタクシーに飛び乗って、10時開始の練習に滑り込みセーフ。

しかしカドは朝食を済ませてひと休みし、旅館と球場をランニングで往復するマジメ人間だった。

私が南海に在籍した76年・77年は打率3割、20本、80打点前後という巧打者でベストナインに輝いた。右アキレス腱を断裂した79年以降、「これからは全打席ホームランを狙う。そうすれば足に負担はかからない」と本塁打狙いに徹したと思われがちだが、それは違う。

天理高時代は1本も本塁打を打てなかったそうだが、社会人野球を経てプロ2年目に打率3割、31本塁打、120打点（打点王）をマークしてから、遠くへ飛ばすことに魅

力を感じていた。

ノムさん（野村克也）は私とカドとエモ（江本孟紀）を「南海3悪人」と名付けた（江本さんは私との交換トレードなので3人が同時期にそろったことはないのだが……）。みんな、とにかく言うことを聞かない（笑）。

カドは公称170センチ。ということは、実際の身長は168センチくらいだ。

「そんなにブリブリ振り回さなくても、もっとコンパクトに振れよ」

ノムさんが言っても、「野村監督だって振り回しているのに」と反論する。困ったノムさんは、オープン戦の試合前、王貞治さん（巨人）に助けを求めた。

「ワンちゃん（王の愛称）って、狙ってホームランを打ってるの？」

「狙って打てるものなら、もう1000本超えてますよ。ノムさんこそ狙ってんの？」

「この門田が信用しなくて困ってるんだよ。狙ってないって言ってるのに」

「野村監督はズルい。王さんと口裏を合わせてる」

こんな具合だったそうだ。

しかし77年限りでノムさんと私が南海から移籍すると、前述のようにカドは今度こそ全打席本塁打を狙うようになる。

投手目線で見て、スイングスピードの速さが、ミートの瞬間、天下一品だったのは落合博満君（ロッテほか）。構えたところから振り切りまでが速かったのはカドだ。

とにかく練習での努力を惜しまない男だった。

「自分は変わり者と言われるけど、朝から晩まで何十万回もバットを振るから変わり者って言われるんだろうな。でも、そこまでやらなきゃ、こんな小さな体で500本も打てるわけがない」（門田）

当時、「パ・リーグの6大エース」と言ったら、山田久志君（阪急）、東尾修君（西武）、鈴木啓示さん（近鉄）、村田兆治君（ロッテ）、高橋直樹さん（日本ハム）、山内新一さん（南海）だ。カドは各球団のエースを打つことを無上の喜びとしていた。

大物新人・野茂英雄君が近鉄入りした90年も、彼からのプロ1号を狙っていて、「オレが打つ。他の打者は打つなよ」と念じていたそうだ。そして、その通りプロ1号をゲットした。

私も日本ハム時代（81年～83年）、カドと対戦した。ストレート勝負は暗黙の了解。私はストレートだけ。当然、カドもブリブリ振り回してくる。男同士の仁義だ。

1度、真っ赤な顔をして打席に入ってきた。

（あの真面目な男が、ロッカールームでビールでも引っ掛けてきたんだろう。この野郎！）

でも、後楽園球場の上段まで運ばれた。

メジャー・リーグの本塁打王ハンク・アーロンにちなんでつけた背番号と同じ44本を放って81年本塁打王を獲得すると、次は背番号を60とした。

88年は40歳にして打率・311、44本塁打、125打点（本塁打王・打点王）で優勝チームの西武選手をさしおいてMVPに輝いた。40歳でのMVP選出は史上最年長記録であり、「不惑」という言葉はこの年の流行語にもなった。

若いころのカドは、なかなか手本になる左打者を見つけられず、右打者のノムさんが鏡に映った打撃フォーム（左打ちに見える）を参考にしたそうだ。

13年ホークス創設75周年記念イベントで、福岡ヤフオク！ドームの右打席にノムさん、左打席にカドが立った。

「打撃をとことん追求する門田のような野球バカは、もう出て来ないだろう」

同じ南海出身、同時期に活躍したノムさんが史上2位の通算657本塁打、史上3位のカドが通算567本塁打。人をほめないノムさんが、カドの打撃を認めていたそうだ。

22　掛布雅之（三塁手）

4代目ミスター・タイガース

●55年5月9日生まれ、千葉県出身。175センチ、77キロ。右投げ左打ち
●習志野高〈甲子園〉→阪神（74年ドラフト6位〜88年）
★通算15年、1625試合、1656安打、打率・292、349本塁打、1019打点
★首位打者0度、本塁打王3度、打点王1度、最多安打0度、盗塁王0度
★MVP0度、ベストナイン7度、ゴールデングラブ賞6度、球宴10度
★主な記録＝4打数連続本塁打、1イニング2本塁打、10打数連続安打

【江夏との通算対戦成績】
20打数2安打、打率・100、0本塁打0打点2四球6三振

カケ（掛布雅之）と川藤幸三。私にとって一番かわいい弟分だ。2人のモノマネをする松村邦洋君も「僕の出身の山口に来てください。本場のフグをご馳走します」と言ってくれる。松村君の言動はタイガース愛に満ちている。

カケは名門・習志野高の2年夏、「4番・遊撃手」で甲子園に出場したが、高校時代に公式戦で本塁打が1本もない。ドラフト上位でプロ入りするには体も小柄だった。知人を介して入団テストを受け、ドラフト6位で指名してもらって阪神入りした。

本人に言わせれば、「大学野球や社会人野球に進むことも考えていたが、そこで終わってしまったら諦め切れない。テスト入団でもプロ入りし、最高峰のプロで失敗したほうが、野球を辞める踏ん切りもつく」ということだった。

プロ1年目の74年オープン戦、当時の正遊撃手・藤田平さんが自身の結婚式で欠場し代理出場すると、**太平洋（現・西武）のエース・東尾修君から4打数2安打**。野田征稔さんの葬儀参列で近鉄戦に代理出場すると、**4打数4安打。一躍注目された。**

「プロ野球選手にはレギュラー奪取のチャンスが必ず誰にも2、3度ある」と言われる。

カケはそのチャンスを見事にモノにした。

74年は長嶋茂雄さん（巨人）の現役最終年。カケは5月の巨人戦でプロ初安打、三塁で長嶋さんにタッチされてアウトになったが、「憧れの長嶋さんにタッチされて、とても嬉しかった」そうだ（笑）。

カケが二死満塁で三塁ゴロをトンネルしたのがきっかけで負けたことがあった。試合後、カケはロッカールームに入らず、扉の前でしゃがみ込んでうつむいていた。

「何しとるんや」

「皆さんに申し訳なくて……」

「アホ、気にすんな。野球にエラーはつきもんや」

カケをバックに投げた期間はそんなに長くなかったから、あれは75年だったか。それ以来、カケは私を慕ってくれている。

私が南海に移籍した76年・77年にカケは打率3割20本を放ち、すっかりレギュラーの座を不動のものにした。

私が再びセ・リーグ広島に戻った78年には打率3割30本100打点。田淵幸一さんが西武に移籍した翌79年は48本で本塁打王を獲得した。

私が日本ハムに移籍した81年は打率・341の高打率を残す（1位阪神藤田平・358、2位巨人篠塚利夫・357）。

しかし、そのオフのイベントでファンに「掛布さんのホームランをもっと見たい。23本では物足りない」と言われるのである。

1度カケの48本という本塁打量産を見てしまったこと。ブチ（田淵幸一）が78年限りで移籍しまったというチームのメンバー構成も背景にあるだろう。阪神の助っ人外国人選手は、81年がオルト18本塁打、82年ジョンストン10本塁打だった。ファンは野球の華・ホームランをカケに求めていたのである。カケは言っていた。

「だから僕は小さな体（175センチ77キロ）でホームランを狙い始めた」

野球の硬式球の直径は7・3センチ～7・5センチ。球半個分で勝負するプロ野球だから、その観点からすれば身長3～4センチ違えば大きい。

ただ、長身が有利ならバスケット選手やバレー選手に野球をやらせればいい。体重が必要ならお相撲さんにバットを振らせればいいということになる。

私は現役時代179センチと、投手としてそう大きなほうではない。投手に大切なのは球をリリースする瞬間、打者に大切なのは投球をミートする瞬間、どれだけ球に力を伝えられるかだと思う。身長や体重をどう利用するかは本人の考え方次第、気持ち次第と思う。

とはいえ現実問題として、最近でいえば岡本和真君（巨人＝185センチ96キロ）を見ていると、ミートすると打球がピンポン球のようにスタンドまで飛んでいく。

投手の私には打者の細かな技術はわからない。ただカケは内角高目を苦手とし、外角高目を得意としていた。カケからこんなことを聞いたことがある。

「スイングの振り出しはダウン、その後レベル、最後はアッパー。投球の下にバットを入れてスピンをかける。4番打者の威厳を相手投手に見せるため、内角球をライトスタンドに入れることも意識した。甲子園では浜風にのせてレフトスタンドに持っていく」

82年に本塁打王・打点王、84年に本塁打王。このころは山本浩二さん（広島）と打撃タイトルを争っていた。バースの2年連続三冠王が注目されるが、カケは3度も本塁打王に輝いている。

85年はバース・掛布・岡田彰布《あきのぶ》の「バックスクリーン3連発」。吉田義男監督は日本一の要因をマスコミに問われ**「ウチには日本一の4番がいますから」**。バースも「カケがいなかったら三冠王を獲れなかった」と胸中を語った。単なるお世辞ではないだろう。さすが「4代目ミスター・タイガース」である。

私が王貞治さんと「エースと4番の対決」を楽しんだように、同学年の江川卓君（巨人）とカケの対決も見ごたえがあった。江川君とカケの通算対戦成績は、167打数48安打で打率・287、14本塁打33打点21三振だ（14本は、山本浩二と並んで江川の最多被本塁打選手）。江川君は86年（31歳）を最後に、カケは88年（33歳）を最後にユニフォームを脱いだ。早過ぎる引退は惜しまれる。

23　清原和博（一塁手）

無冠の帝王

●67年8月18日生まれ、大阪府出身。188センチ、104キロ。右投げ右打ち
●PL学園高〈甲子園〉↓西武（86年）↓巨人（97年）↓オリックス（06年〜08年）
★通算19年2235試合2228安打、打率・287、486本塁打1507打点
★首位打者0度、本塁打王0度、打点王0度、最多安打0度、盗塁王0度
★MVP0度、ベストナイン3度、ゴールデングラブ賞5度、球宴18度、新人王
★主な記録＝通算サヨナラ安打20本（歴代1位）、通算サヨナラ本塁打12本（歴代1位）、通算死球196（歴代1位）、通算三振1955（歴代1位）

【江夏との通算対戦成績】
対戦なし

「甲子園は清原のためにあるのか～！」

85年夏の甲子園、宇部商（山口）との決勝戦。清原が2打席連続となる同点アーチを火の出るようなあたりでスタンドに叩き込んだ（甲子園13号）ときのアナウンサーの名ナレーションである。もう36年も前になるが、あのシーンは鮮明に覚えている。

キヨ（清原和博）が準々決勝で中山裕章君（高知商高→横浜大洋85年ドラフト1位）から放った本塁打も、推定飛距離140メートルとも言われ特大だった。普通、高校生の打球は観客が見下ろすのに、観客が見上げているシーンが映し出された。

さかのぼれば80年夏の甲子園決勝、愛甲猛（神奈川・横浜高→ロッテ）と1年生エース・荒木大輔（東京・早稲田実高→ヤクルト）との投げ合い。甲子園のアイドル・荒木を82年『やまびこ打線』の畠山準《ひとし》（徳島・池田高→南海ほか）・水野雄仁《かつひと》（池田高→巨人）が凌駕《りょうが》した。その水野を今度は83年桑田真澄（大阪・PL学園高→巨人）・清原和博のKKコンビが打ち砕く。あのころは一つの『甲子園物語』として連綿とつながっていた気がする。

私は大阪学院高時代、甲子園は近くて遠い憧れの場所だった。だから甲子園に出場した選手には尊敬と羨望の念が入り混じる。いまも甲子園大会は春も夏も、テレビ観戦は欠かさない。

キヨ（清原和博）は同じ大阪の高校野球出身で、親しみを抱いている。私は84年西武を最後に現役引退。一方のキヨは、86年に西武のユニフォームに袖を通した。あれだけのバットマンだ。そういう意味ではチームメイトであっても、投手と打者の対決であっても、選手として同じグラウンドでともに過ごしたかったというのが率直な気持ちだ。

キヨがプロ入りした86年、西武の新監督に森祇晶さん（旧名・昌彦＝巨人）が就任した。森監督は新人のキヨを1年目から4番にすえ、以降9年間で実に8度のリーグ制覇、6度の日本一の偉業を成し遂げた。優勝できなかったのはブライアントが天王山ダブルヘッダーで1日4本塁打した89年だけである。

私は阪神時代から、森さん（巨人）には懇意にしていただいている。私が西武に在籍した84年もコーチとして、いろいろ気を遣ってくださった。

「森さん、キヨはどうなんですか」

「お山の大将でやってきた選手は一から教えないかんが、名門でやってきた選手は一から教えなくてもいいいな」

非常に印象深い、含蓄のある言葉だった。

私はキヨにこんな冗談を言ったことがある。

「なんだキヨ、4番を打っとって右打ちか」

キヨは通算525本塁打をマークしているが、左翼257本・中堅112本・右翼156本。**通算500本以上の打者において、3方向へ100本以上打ち分けているのはキヨだけらしい。**

キヨの打撃に対する口グセは「投球をしばいたる」「遠くに飛ばすんや」。つまり、森監督の言わんとしたことは、指導者がいちいち言わなくても名門校出身選手は野球を理解していることだった。

チーム打撃で右方向にも打つ中で、自分の打撃を追求して本塁打を放つ。「無冠の帝王」がキヨの代名詞でもあるが、無冠であっても「帝王」と称せられるところにキヨのすご

さがあるのではないか。

その証明が日本記録の「通算サヨナラ本塁打12本（満塁2本）」「通算サヨナラ安打20本」。個人的に狙ってもいい場面で、しっかりと結果を出している。

森・西武9度優勝の黄金時代、石毛宏典《ひろみち》（西武→ダイエー）・辻発彦（西武→ヤクルト）らタレントぞろいだったが、通算2000安打を記録したのは秋山幸二（西武→ダイエー）とキヨのわずか2人だけである。

しかも、打撃タイトルこそ手中にしていないが、ゴールデングラブ賞は5度獲得。本塁打を打つだけで守れない一塁手ではない。好守でフォア・ザ・チームを実践しているのだ。

思えば85年秋のドラフト会議で巨人に指名されなかったとき、母親に「アンタが勝手に惚れて、勝手に振られたんやないの。男らしく諦めなさい。男なら見返してやりなさい」から始まった「プロ野球恋物語」。

96年オフのＦＡ宣言時は、吉田義男（阪神）が「ユニフォームの縦縞を横縞に変えてでも君を獲得したい」。長嶋茂雄監督（巨人）には「僕の胸に飛び込んできなさい」と口説かれ、東尾修監督（西武）が「初恋だから、巨人に移籍するのはしかたない」と締めたストーリーの三者三様の発言は、何とも味があった。それもキヨが大打者たるこそだろう。その後は巨人で打率・２９８、29本、１２１打点をマークした01年、オリックスでは06年マーク・クルーンから逆転サヨナラ満塁本塁打を放ったシーンが印象深い。

それにしてもプロ入りの86年、打率・３０４、31本78打点。55年・榎本喜八（毎日）の打率・２９８、67打点を更新する高卒新人の歴代最高記録。

打率3割が、どれほどしんどい数字か。打率・２９９と・３００では雲泥の差がある。88年プロ入りした立浪和義君（ＰＬ学園高↓中日）も高校出1年目から難職の遊撃でゴールデングラブ賞を獲得、最終的に通算２０００安打を打っている。キヨや立浪はたしかに凄いが、最近の高校野球のレベルはどうなのだろうか……。

24　松井秀喜（外野手）

ワールドシリーズMVP

●74年6月12日生まれ、石川県出身。188センチ、95キロ。右投げ左打ち
●星稜高〈甲子園〉→巨人（93年）→ヤンキース（03年）→エンゼルス（10年）→アスレチックス（11年）→レイズ（12年）
★通算20年、2504試合、2643安打、打率・293、507本塁打、1649打点
★首位打者1度、本塁打王3度、打点王3度、最多安打0度、盗塁王0度
★MVP3度、ベストナイン8度、ゴールデングラブ賞3度、球宴11度（日9、米2）
★主な記録＝ワールドシリーズMVP、日米1768試合連続出場（史上5位＝カル・リプケン、衣笠祥雄、ルー・ゲーリッグ、鳥谷敬に次ぐ）

【江夏との通算対戦成績】
対戦なし

「江夏さん、すごいシーン見たよ！」

松井秀喜君の存在を知った第一声がこれだった。スポーツニュースで詳細を知った。92年夏の甲子園の「1試合5敬遠」だ。2回戦、星稜高（石川）対明徳義塾高（高知）の試合、打棒を恐れられた松井君は勝負されなかった。

無条件に一塁が与えられる「敬遠四球」は、野球規則にのっとった作戦である。しかし、「そこまでして勝ちたいか」と、さすがに味方の明徳義塾高の応援席からもメガホンがグラウンドに投げ込まれ、球場は騒然となった。

当の松井君本人は、バットを地面に置いて平然と一塁に向かった。弱冠18歳。普通なら投手をにらみつけ、バットを投げつけて一塁に向かうところだ。「この子はすごいな。人格ができている」と感心したものだ。冒頭の声を上げた、試合を撮影したスポーツカメラマンもそこを「すごい」と言ったのだ。

この試合の「20球」に凝縮されて、松井君の「最後の夏」は終焉《しゅうえん》を告げた。しかし、バットを振らずとも、大打者であることを日本全国に知らしめた。

松井君は93年から02年まで10年間、巨人に在籍した。

落合博満君が94年から96年（ＦＡ）、清原和博君が97年から05年（ＦＡ）、左打者の高橋由伸君が98年から15年（ドラフト入団）まで巨人でプレーした。

長嶋茂雄監督は次から次へと強打者を補強したが、松井君にとって、日本を代表するスラッガーとクリーンアップを組んで長所を吸収できたのは、大きなプラスになったはず。01年は首位打者、02年は50本で本塁打と打点の二冠王。松井君は94年（96年リーグ優勝）・00年と長嶋監督に日本一をプレゼントして、メジャーに旅立った。


松井君はメジャー行きの感想を問われ、「自分は裏切り者かもしれないが……」と声を絞り出した。「球界の宝である松井選手のメジャーへの流出を防げず、ファンの方に何とお詫《わ》びしていいのか」。球団はあたかも不祥事でも起こしたかのようなコメントを発表。メジャー行きを批判するファンもいたのだろうが、球界や日本全体では、松井君の成功を祈る声が大多数を占めていた。

松井君の渡米後、長嶋監督は電話越しにスイング音を聞いて指導したという。電話で音が聞こえるかどうかは別にして、スイング音を聞く指導法は破天荒なことではない。スイング音で打者の好不調は確かにわかる。「ブーン」ではなく「ブンッ」と空気を切り裂くような短い音がいいそうだ。

03年にヤンキース入りした松井君は、06年5月に前方の飛球を捕ろうとしてスライディングキャッチを試み、左手首骨折。巨人時代の93年8月から続いていた連続試合出場記録は「1768」で途切れた。苦痛に歪《ゆが》んだ表情で発したコメントに周囲は驚いた。

「チームに迷惑をかけて申し訳ない」

自分の一大事のときでさえ、チームのことを考えていた。リハビリに励んだ松井君は、9月に戦列復帰、満員のスタンドからスタンディングオベーションで迎えられ、1試合4安打で完全復活をファンにアピールした。

09年ワールドシリーズではペドロ・マルティネス（フィリーズ）から2本塁打を放つなど、MVPに輝いた。

大リーグを日本に迎え撃つために結成された「大日本東京野球倶楽部」が完膚なきま

でに叩きのめされた34年から実に75年。遂に日本人がワールドシリーズMVPを獲得するに至ったかと思うと、感慨深いものがあったのは私だけではあるまい。しかし、ヤンキースは松井君と契約を延長せず、松井君はエンゼルスと契約を結ぶ。

翌10年、ヤンキースタジアムでの開幕戦の試合前、ワールドシリーズのチャンピオンリング授与のセレモニーがあった。松井君は対戦チームのメンバーとしてヤンキースナインの授与式を傍観していたが、最後の最後、「HIDEKI MATSUI」がサプライズでコールされた。

すると、主将デレク・ジーターをはじめ、アレックス・ロドリゲスらヤンキースのスター軍団の面々が次々と松井君をめがけて祝福に突進し、熱い抱擁をかわすではないか。

日本の野球ファンは、松井君に「メジャー本塁打王」を期待したが、**松井君は勝負強い中距離打者だった。それよりも「チームの勝利」「フォア・ザ・チーム」を口にした。**自己主張が強い米国にあって、松井君の言葉が口先だけではないことを、周囲は確信していたのだ。

王貞治さんは「メジャーでシーズン30本以上のホームランを打ったんだから、素晴らしいと思う。日本球界で50本打ったことと、アメリカで30本打ったことを比較する必要なんかない」。

「努力できることが才能である」という言葉を松井君は大切にしているそうだ。日本で10年、メジャーで10年、日米通算20年でプレーヤーとしての野球人生を終えた。自らのプレーを通して、野球ファンはもちろん、観る者を元気づけ、勇気を授けてくれた。

25　阿部慎之助（捕手）

捕手最高打率、8度Vの中軸

●79年3月20日生まれ、千葉県出身。180センチ、97キロ。右投げ左打ち
●安田学園高→中大→巨人（01年ドラフト1位〜19年）
★通算19年、2282試合、2132安打、打率・284、406本塁打、1285打点
★首位打者1度、本塁打王0度、打点王1度、最多安打0度、盗塁王0度
★MVP1度、ベストナイン9度、ゴールデングラブ賞4度、球宴13度
★主な記録＝打率・3404（捕手最高打率）、捕手として400本塁打（史上2人目）

【江夏との通算対戦成績】
対戦なし

掛布雅之君と習志野高時代に3、4番を打っていた人物を父親に持つ阿部慎之助君（巨人）。だから右投げ左打ちだ。中大3年春まで東都大学リーグ2部でプレーしていたが、その頃から「ドラフトの目玉」だと注目されていた。01年ドラフト1位。

巨人では捕手ゴールデングラブ賞が87年山倉和博君、ベストナインは90年村田真一君以来途絶えていた。

プロ1年目から127試合でマスクをかぶり本塁を死守する。

ミート力は入団時からいいものを持っていた。01年開幕戦を覚えている。巨人では**78年山倉君以来23年ぶりの「新人捕手開幕スタメン」を果たすと、星野伸之君（阪神）から初打席・初安打・初打点を含む4打点と大物の片鱗を見せた。**

02年には早くもベストナインとゴールデングラブ賞を獲得し、原監督第1次政権1年目の日本一に貢献している。

04年から内田順三さんに勧められて「ツイスト打法」を採り入れたのもよかったかもしれない。私はウっちゃん（内田）と現役時代に広島（78年〜80年）で同じ釜の飯を食った。ウっちゃんは左打ちの外野手で、現役引退後、広島と巨人の打撃コーチを交互に務めていた。

ツイストには「ひねる」という意味がある。ダンスのツイストと言えば、イメージをわかっていただけるだろうか。私は打者でないので頭では理解できても実践できないのだが、スイングを始めてから上半身は投球方向に行くのだが、下半身は捕手方向にひねる。これにより投球の緩急に対応でき、内角球もファウルにならず、打球はスタンドまで届くようになるということである。

01年から19年まで長嶋茂雄監督、原辰徳監督、堀内恒夫監督、高橋由伸監督と4監督に仕え、**8度のリーグ優勝（2度のリーグ3連覇）、3度の日本一に主軸打者、守りの要として貢献した。**

ベストナインは9度（含・8年連続）、ゴールデングラブ賞は4度である。打撃がよいので、捕手として出すサインにも説得性があっただろう。ただし、11年には谷繁元信君のセ捕手連続守備機会無失策1708を更新するほど、守備も安定していた。

野村克也さんの項でも述べたが、捕手が獲得した打撃タイトル22度中、野村さんが17度、田淵幸一さん（阪神）本塁打王、古田敦也君（ヤクルト）首位打者、森友哉君（西武）首位打者、そして阿部君の首位打者・打点王（ともに12年）である。

タイトルこそ49本のラミレス君（巨人）に譲ったが、10年は野村さん・田淵さんに次ぐ3人目の「捕手40本塁打」を達成した。12年首位打者の・340は、91年古田君の・3398を破る捕手最高打率だ。13年のＷＢＣでは「主将・4番・捕手」の三役を兼任した。

最終的には長距離砲の一つの証と言える通算400本塁打（20年現在20人）に到達した。

26　中西　太（三塁手）

本塁打革命

●33年4月11日生まれ、香川県出身。174センチ、93キロ。右投げ右打ち
●高松一高→西鉄（52年〜69年）
★通算18年、1388試合、1262安打、打率・307、244本塁打、785打点
★首位打者2度、本塁打王5度、打点王3度、最多安打2度、盗塁王0度
★MVP1度、ベストナイン7度、ゴールデングラブ賞0度、新人王、球宴7度
★主な記録＝トリプル・スリー、53年36本（大映30本・近鉄31本）、54年31本（近鉄27本）と、個人本塁打がチーム本塁打を上回る

【江夏との通算対戦成績】
対戦なし

戦前戦後すぐは、打球が飛ばない「投高打低」の時代だった。そこに革命をもたらしたのが、パ・リーグの山内一弘さん（大毎）・中西太さん（西鉄）・野村克也さん（南海）、セ・リーグの長嶋茂雄さん（巨人）・王貞治さん（巨人）の出現だ。

中西太さんがプロ２年目の53年から56年まで４年連続本塁打王に輝く。57年にプロ４年目の野村さんが初の本塁打王。58年中西、59年・60年は山内さん、61年から野村さんが８年連続本塁打王。

パ・リーグのチャンピオンフラッグも、本塁打王のタイトルに連動するかのように58年西鉄、59年南海、60年大毎、61年南海と移る。

中西さんのニックネームは「怪童」。高校出1年目は新人王、プロ2年目から4年連続本塁打王を獲得したのだから、まさにぴったりだ。

・中西（西鉄）＝53年１２０試１４６安、率・３１４、36本、86点、52三振、36盗塁
・村上（ヤクルト）＝19年１４３試１１８安、率・２３１、36本、96点、１８４三振、５盗塁

19年に村上宗隆君が「同じ高校出2年目に中西太の打点記録を更新した」とマスコミが大いに騒いだ。事実ではあるが、比較するには言葉足らずである。

53年に中西さんは36本塁打を放ったが、同年の大映はチーム本塁打が30本であり、近鉄は31本だった。翌54年も中西さんは31本塁打を放ったが、近鉄のチーム本塁打は27本だった。チーム本塁打を個人で上回る。さしずめ現代で言えば、ひとりで100本塁打ぐらい打つ感覚である。中西さんの突出した打棒がわかるというものだ。

53年中西さんと19年村上君は2人とも全試合に出場しているが、**中西さんはリーグ最多安打、しかも「打点王」である。**だから注釈をつけないで「打点王の中西を超えた」と言うのはさすがに無理があろう。

さらに中西さんは「トリプル・スリー」をマークしている。トリプル・スリーは、「打率3割（安定性）・30本塁打（長打力）、30盗塁（走力）」を兼備していることになる。

巨人を追われた三原脩監督が野に下り、福岡で「西鉄・野武士軍団」を作り上げる。シーズン42勝を挙げた「神様」稲尾和久さん、そして中西さんは、豊田泰光さん（首位打者1度)・大下弘さん(首位打者3度、本塁打王3度)らとともに「西鉄・流線型打線」で打棒をふるった。

58年、中西さんは杉浦忠さん(南海)からスリーランを放った(平和台球場)。打った瞬間、杉浦さんは「ショートライナーか左前打だ」と思ったが、打球はライナーのままスタンドイン。外野手の大沢啓二さんと長谷川繁雄さんは顔を見合わせて一歩も動けなかったそうだ。捕手の野村克也さんも「私が歴史の証人だ」と話していた。**とにかく飛距離と打球スピードはケタ違いだったらしい。**

56年~58年、西鉄は日本シリーズで3年連続して巨人をくだす。特に58年は3連敗後の4連勝。その中心選手が中西さんだったのだ。

中西さんは豪快なスイングゆえか左手首に腱鞘炎を患い、満足なスイングができなくなる。フル出場は、高校出からわずか7年だった。62年から69年まではプレーイング・マネージャー(選手兼任監督)を務める(実は、私のトレード相手だった江本孟紀さんが「ベンチがアホやから」と言ったときの阪神監督=80年・81年=でもあった)。その後はヤクルト、近鉄、巨人、ロッテ、オリックスと打撃コーチを歴任する。

私の持論は「名監督は数多くいても、名コーチは数少ない」だ。投げるほうの名コーチは権藤博さん、打つほうの名コーチは中西さんだ。

あの「専守防衛」「自衛隊」「守るだけ」(失礼……)と揶揄《やゆ》された宮本慎也君(ヤクルト)が通算2000安打をマークしたのは、中西さんの教えによるところが大きい。

山内一弘さん・若松勉さんの項でも触れたが、「内角球の打ち方」の教えとして、中西式は外角低めの変化球を意識しておいて、内角高めの速球は腰の回転で弾き返す。

普通、振り遅れないように内角高めの速球を意識しておいて、外角低目変化球が来たらワンテンポ遅らせてバットを出す。しかし、そうすると外角低めの変化球に泳がされる。その逆なのだ。最初から外角低目変化球を意識しておけば体勢を崩されないし、慣れれば内角高めの速球が来たら反応できるようになる。ほかにも「投球の内側からバットを出すインサイドアウト」「反対方向に引っ張る意識で投球を強く叩く」教えがあるらしい。

中西さんは、私の阪神時代はヤクルト打撃コーチ、私の広島時代は阪神監督で、よく話をした。現役時代に「打者対投手」として対戦してみたい強打者であった。そう思うと残念でならない。

27 秋山幸二（外野手）

5ツール・プレーヤー

●62年4月6日生まれ、熊本県出身。186センチ、86キロ。右投げ右打ち
●八代高→西武（81年ドラフト外）～ダイエー（94年～02年）
★通算22年、2189試合、2157安打、打率・270、437本塁打、1312打点
★首位打者0度、本塁打王1度、打点王0度、最多安打0度、盗塁王1度
★MVP0度、ベストナイン8度、ゴールデングラブ賞11度、球宴18度
★主な記録＝トリプル・スリー、サイクルヒット、シーズン30本・50盗塁

【江夏との通算対戦成績】
対戦なし

私は現役最終年の84年に1シーズンだけ西武にお世話になっているのだが、その最終年に秋山幸二君と一緒にプレーしている。

米国アリゾナの春季キャンプでは、部屋が隣だった。首脳陣のお説教で自信喪失していたのが同い年の秋山君と伊東勤君（西武監督→ロッテ監督→中日ヘッドコーチ）の新鋭2人。

秋山君はプロ1年目の81年に3試合に出場し、1安打。82年・83年は出場せず。私の現役最終年の84年に54試合4本塁打。翌85年に一気に130試合40本塁打してスターダムにノシ上がる。私が日本ハム時代の81年から83年に、もしかしたら対戦しているかと思ったが、対戦はなかった。


高3の夏にさかのぼる。**八代高の秋山君と熊本工高の伊東君は高3の夏、熊本県大会決勝で激突。勝った伊東君が甲子園に出場している。**

熊本県の高校野球決勝の舞台になる藤崎台球場というと、私の記憶が確かなら左翼後方に大きな楠がある。手作り感がある情緒豊かな球場だ。熊本城の近くで、迷路風になっているのか、初めてクルマで行ったら、球場は近くに見えてもなかなかたどり着けなかった。

87年、死球に怒ったクロマティ（巨人）が宮下昌己投手（中日）の左顔面に右ストレートを見舞った。それに端を発した乱闘事件で、星野仙一監督が王貞治監督を小突いた。あれが藤崎台球場だったと思う。


閑話休題。81年ドラフト1位入団が石毛宏典君（駒大→プリンスホテル）、ドラフト会議後に大学進学を撤回してプロ入りを表明した秋山君は81年ドラフト外入団、伊東君（熊本工高→所沢高に転校・西武球団職員）は82年ドラフト1位入団、社会人野球入り表明から一転プロ入りした工藤公康投手（愛工大名電高）は82年ドラフト6位入団。

当時、根本陸夫氏は西武監督（78年～81年）から管理部長になり、ドラフト戦略で剛腕をふるい、西武黄金時代の中心になる選手を獲得している。また根本氏が広島監督時代（68年～72年）の守備コーチだったのが広岡達朗監督（82年～85年）である。

さて、秋山君は入団時、186センチの大型三塁手だった。大きいから打球が後ろに抜けにくいというイメージはあるが、内野手としてより、外野手としての適性があった。

前出のクロマティは、秋山に対してこう語る。

「ミート力、長打力、走力、守備力、送球力。すべてを兼ね備える5ツール・プレーヤーであり、メジャーでもすごいスターになれただろう」

1日4本塁打（89年）で近鉄奇跡の逆転優勝の立役者だったブライアントも話す。

「日本で一番すごいと思った打者は秋山だ」

86年、日本唯一の日本シリーズ第8戦となった試合で、秋山君は同点本塁打を放ち、「バック宙ホームイン」を披露している。

89年130試合144安打、打率・301、31本塁打99打点31盗塁で、トリプル・スリーを達成した。

打球は高く舞い上がる生来の長距離砲だった。王貞治さん（巨人）に並ぶ、史上最年少（23歳）の40本塁打（85年）をマークしている。

そうかと思えば、史上初の本塁打王（87年43本）による盗塁王（90年51個）。そして

02年まで17年連続オールスター・ゲーム出場もたいしたものである。

94年、秋山君・渡辺智男投手・内山智之投手と、ダイエーの佐々木誠外野手・村田勝喜投手・橋本武広投手との3対3の大型トレードが成立。

それから5年。負けグセのついたダイエーナインに対し、秋山君は意識改革を施したそうだ。中日との99年日本シリーズ第3戦、右翼守備でナゴヤドームの高いフェンスを駆け上がり飛球をキャッチ、一塁走者も刺してゲッツーのスーパープレーはいまも脳裏に焼き付いている。ホークスは64年南海以来、実に35年ぶりの日本一となった。


巨人V9時代（65年～73）年で通算2000安打なり、通算200勝・通算250セーブをマークしたのは、長嶋茂雄さん・王貞治さん・柴田勲さん・堀内恒夫さんの4人しかいない。

そして森祇晶・西武（86年～94年の9年間で8度優勝）で、通算2000安打・通算200勝・通算250セーブをマークしたのは、東尾修君・工藤公康君・清原和博君・秋山君の4人しかいない。

　ちなみに、後の監督には秋山君をはじめ、東尾君、工藤君、渡辺久信君、伊東勤君、辻発彦君、石毛宏典君、田辺徳夫君、田尾安志君らが名を連ねている。

28　金本知憲（外野手）

連続無併殺打1002試合

●68年4月3日生まれ、広島県出身。180センチ、88キロ。右投げ左打ち
●広陵高→東北福祉大→広島（92年ドラフト4位）→阪神（03年～12年）
★通算21年、2578試合、2539安打、打率・285、476本塁打、1521打点
★首位打者0度、本塁打王0度、打点王1度、最多安打0度、盗塁王0度
★MVP1度、ベストナイン7度、ゴールデングラブ賞0度、球宴11度
★主な記録＝サイクル安打、トリプル・スリー、連続試合フルイニング出場1492試合

【江夏との通算対戦成績】
対戦なし

カネ（金本知憲）は、広島でも阪神でも私の後輩となる。

92年広島ドラフト4位入団。東北福祉大では、佐々木主浩投手（90年大洋ドラフト1位）・大塚孝二外野手（90年ドラフト3位）・矢野輝弘《あきひろ》捕手（＝燿大＝91年中日ドラフト2位）・浜名千広内野手（92年ダイエードラフト3位）らとともにプレーした。一浪しているが、阪神・矢野監督とは同い年である。

00年にトリプル・スリーを達成している（全136試合、156安打、打率・315、30本塁打、90打点、30盗塁）。広島・達川光男監督の配慮で、最終2試合は1番打者で登場し、最終試合で30本目を打った。

「本塁打より、不慣れな盗塁のほうが大変だった」（金本）

それまで96年の18盗塁が最高だったことから、達成には結構な苦労があった。

広陵高、広島カープ（11年間）で育ったカネだが、読者の皆様には阪神時代（現役10年間）の活躍のほうが印象深いのではないか。「アニキ」と呼ばれ、甲子園球場で大歓声を受けた。

ＦＡで03年阪神に移籍。星野仙一・阪神の２年目で、85年以来18年ぶり優勝に貢献。新加入の伊良部秀樹君、下柳剛君、ジェフ・ウィリアムス、金本君の活躍が大きかった。
・伊良部＝27試合13勝８敗、防御率３・85
・下柳＝26試合10勝５敗、防御率３・73
・ウィリアムス＝52試合１勝１敗25セーブ、防御率１・54
・金本＝03年全１４０試合１５４安、率・２８９、19本　77点、18盗

またカネと言えば、鉄人の代名詞通り、カル・リプケン（オリオールズ）を抜く10年までの１４９２試合「連続試合フルイニング出場」の世界記録が有名だが、**本人に言わせれば「01年の１００２打席連続無併殺打」のほうが印象深いらしい。**併殺にならないということは、チームで１試合27個しか使えないアウトを自分で一度に複数使ってしまうことがないということだ。

04年左手首を死球で痛めながら、右手一本で高橋尚成君（巨人）から安打を放ったシ

ーンも見る者の心を打った。つまり、「フォア・ザ・チーム」の選手だったと思う。

29　柳田悠岐（外野手）

最もかっ飛ばす首位打者

●88年10月9日生まれ、広島県出身。188センチ、96キロ。右投げ左打ち

●広島商高→ソフトバンク（11年ドラフト2位～）

★通算10年、997試合、1104安打、打率・322、186本塁打、611打点

★首位打者2度、本塁打王0度、打点王0度、最多安打1度、盗塁王0度

★MVP2度、ベストナイン5度、ゴールデングラブ賞5度、球宴5度

★主な記録＝トリプル・スリー、サイクルヒット。出塁率＋長打率＝OPS4年連続リーグ1位（15年～18年＝巨人・王以来2人目）

【江夏との通算対戦成績】

対戦なし

柳田悠岐君（ソフトバンク）は、21年現在の日本プロ野球界で強打者NO・1だ。

緻密な野球を身上とする広島商高出身だが、広島経大で大きなスケールに育ったのだろう。山田哲人君（履正社高→ヤクルト1位）と同じ10年秋のドラフトだが、秋山翔吾君（八戸大→西武3位）をソフトバンクスカウトが2位指名しようとしたところ、王貞治会長が寸前で言ったらしい。

「待て。誰が一番打球を飛ばすんだ？　その打者にしろ」

さすが王さんらしい。大きなスケールで育てようとしていたわけだ。（1位は山下斐《あや》紹《つぐ》捕手＝千葉・習志野高→ソフトバンク→楽天→中日）。

とにかくバットスイングが速い。バットを振り込んでいる証拠だ。肩が強いから速い球をほうれるかと言ったら違う。投球の練習をしなくては、強肩を生かせないのと一緒だ。人一倍バットを振り込んでいるからこそ、スイングスピードが速くなる。

13年春季キャンプで、清原和博君が「すごい選手を見つけた。日本人でスイングスピードは一番速いと思う」と話していたのを思い出す。清原君の目もすばらしい。

その13年、104試合、88安打、打率・295，11本、41点で頭角を現わし、その後の活躍はご承知の通りだ。

15年138試合、182安、打率・363、34本、99打点、32盗塁、101三振　MVP
18年130試合、167安、打率・352、36本、102打点、21盗塁、105三振
フルスイングで100を超える三振数なのに・350を超える打率で2度の首位打者。

本人は「ゴロを打つなら、三振のほうがいい」と語っているらしい。あれだけ飛距離が出るのに、タイトルは本塁打王ではなく、首位打者なのは不思議ではある。

柳田君の打撃技術、188センチの長身を生かして飛ぶ打球はケタが違う。15年三浦大輔君（横浜）から横浜スタジアムのスコアボード直撃の大ホームランを放ち、オーロラビジョンを破壊したシーンは記憶に新しい。

逆方向の左翼方面でも打球はフェンスを越える。打つポイントがいいのだろう。そして、しっかりと投球を叩いている。

大柄でストライド走法なので見た目は速くないが、普通の遊ゴロでもアウトにするには間一髪だ。代走だけでも食っていけるくらいの俊足だ。いつだったか、一塁走者だったのが、次打者の二塁打で、余裕で本塁を駆け抜けた。走力に加えて打球判断がいい。トリプル・スリーもできるわけだ（前出15年）。

『江夏の21球』の79年、近鉄の先発投手にはサイドスローの柳田豊君（10勝5度、通算110勝）がいた。悠岐君はその甥っ子らしい。

プロ10年を経た32歳。今後、常識を打ち破ってどんなプレーを見せてくれるのか、まだ興味は尽きない。

30 山田哲人（二塁手）

同一シーズン「本塁打王&盗塁王」の〝二刀流〟

●92年7月16日生まれ、兵庫県出身。180センチ、76キロ。右投げ右打ち

●履正社高〈甲子園〉→ヤクルト（11年ドラフト1位～）

★通算10年、1058試合、1153安打、打率・293、214本塁打、635打点

★首位打者0度、本塁打王1度、打点王0度、最多安打1度、盗塁王3度

★MVP1度、ベストナイン5度、ゴールデングラブ賞0度、球宴5度

★主な記録＝トリプル・スリー3度（日米でバリー・ボンズと2人のみ）、サイクルヒット、
38連続盗塁成功、本塁打王と盗塁王の同時獲得

【江夏との通算対戦成績】
対戦なし

山田哲人君（ヤクルト）は、大阪・履正社高の出身だ。履正社高の先輩であるT－岡田君（貴弘）に倣ったのと、名前の「哲人」から、チーム内では「ティー」と呼ばれているらしい。それにしても大阪出身なのだから阪神がドラフト指名しなくてはいけないのではないか。

ちなみに山田君が指名された10年秋のドラフトは、斎藤佑樹投手（日本ハム）が1番人気の年で、大石達也投手（西武）・福井優也投手（広島）の早大投手トリオがいた。ほかには澤村拓一投手（中大→巨人）、榎田大樹投手（福岡大→東京ガス→阪神）がドラフト1位。ドラフト2位には同じトリプル・スリーの柳田悠岐外野手（広島経大→ソフトバンク）、美馬学投手（中大→東京ガス→楽天）がいた。

柳田君と並び、この年の出世頭とも言える山田君は、斎藤佑樹投手、塩見貴洋投手（楽天ドラフト1位）の**「外れ・外れ1位」であった。**

11年ヤクルトはペナントレースで10ゲームの大差を中日に引っくり返された。優勝・中日、2位・ヤクルト。中日は落合博満監督の退任が決定事項であって、「花道を飾りたい」という中日ナインの気概が大逆転につながった。

クライマックスシリーズ、ナゴヤドームに乗り込んだヤクルトは起爆剤として、一軍公式戦出場のない山田君を第2戦にスタメン出場させたのである。この試合で遊ゴロを10個ほど無難にさばき、ドライチとはいえ山田君は野球ファンの耳目を集めるようになった。

高校出2年目の12年11安打、13年99安打、14年は「初代ミスター・タイガース」藤村富美男さん（阪神）の右打者シーズン191安打を破る193安打を放った。

・15年、143試合183安、打率・329、38本、100打点、34盗塁　MVP
・16年、133試合146安、打率・304、38本、102打点、30盗塁
・18年、140試合165安、打率・315、34本、89打点、33盗塁

1度達成だけでも困難なトリプル・スリーを実に2年連続3度も達成している。3度はバリー・ボンズに続き日米2人目の偉業である。また前出の秋山幸二君が本塁打王獲

得後に盗塁王を獲得しているが、山田君は同一シーズンの獲得である（15年）。

さらに18年～19年にかけて38連続盗塁成功（日本記録）。

なぜ大きな体でもないのに飛距離が伸びるのか。13年にシーズン60本塁打の記録を持つバレンティン（ヤクルト→ソフトバンク）は話す。

「ボールを遠くに飛ばすのに大事なのは体の大きさではなく、ボールの下を叩くことであり、テツトはバックスピンをかける技術がすばらしい」

チーム成績がよくないと、どうしても選手というのは個人記録に走ってしまうものだが、山田君は15年にリーグ優勝に貢献した。15年はバレンティンが左ヒザ手術の影響でわずか1本塁打。2番・川端慎吾君、3番・山田君、4番・畠山和洋のラインナップ。**優勝シーズンでのトリプル・スリー（本塁打王&盗塁王）だけに価値があるというものだ。**

31　青木宣親（外野手）

三段論法で「日本歴代・首位打者」

●82年1月5日生まれ、宮崎県出身。175センチ、80キロ。右投げ左打ち
●日向高→ヤクルト（04年ドラフト4巡）→ブルワーズ（12年）→ロイヤルズ（14年）→ジャイアンツ（15年）→マリナーズ（16年）→アストロズ（17年）→ブルージェイズ（17年途中）→メッツ（17年途中）→ヤクルト（18年）
★通算17年、2112試合、2478安打、打率・311、161本塁打、780打点
★首位打者3度（日）、本塁打王0度、打点王0度、最多安打2度（日）、盗塁王1度（日）
★MVP0度、ベストナイン7度（日）、ゴールデングラブ賞7度（日）、球宴8度（日）
★主な記録＝シーズン200安打2度（日）。通算4000打数以上打率1位・325（日）

【江夏との通算対戦成績】
対戦なし

ヤクルト番だったプロ野球記者に聞いたが、青木宣親君（ヤクルト）は理路整然とした考え方の持ち主らしい。

早大進学を希望していたが、「受験本番の一発勝負より、高校に指定校推薦枠があるのだからそれを活用しよう」と、高校1年～3年時の中間・期末試験をがんばって内申書の評価を高めたそうだ。

早大の1学年上には和田毅投手（03年ダイエー自由枠）、2学年下には越智大祐投手（06年巨人4巡）がおり、「1番・田中浩康（05年ヤクルト自由枠）、2番・青木（04年ヤクルト4巡）、3番・鳥谷敬（04年阪神自由枠）、4番・比嘉寿光（04年広島3巡）、5番・武内晋一（06年ヤクルト希望枠）、6番・由田慎太郎（04年オリックス8巡）」の打線で早大4連覇に貢献した。

プロ入り時のインタビュー。

「卒論のテーマと、その内容は？」

「盗塁についてです。内容は、盗塁をよく成功させる走者は、中間疾走が速い。中間疾走の速い走者はスタートが早い。だから盗塁をよく成功させる走者は、スタートが早い」

そんな三段論法的に話したそうである。

「鳥谷君に負けないように頑張らないとね」

「いえ、切磋琢磨してお互いを高め合っていけたらいいと考えています」

安易に同意するのではなく、自分の考えを持っていた。


プロ1年目はファームのフレッシュ・オールスター・ゲームでMVP、さらに・372の高打率でイースタン首位打者に輝いている。

プロ2年目はシーズン202安打を放って最多安打、打率・344で首位打者の両タイトルを獲得。その要因をみずから分析した。

「僕の一番の長所は足。三遊間に転がして走ったのが202安打、首位打者の要因です」

一躍全国に青木の名を知らしめた。プロ3年目には赤星憲広君（阪神）の6年連続を阻止し、盗塁王に輝いた俊足の持ち主である。

プロ4年目は打率・346で2度目の首位打者を獲得したが、シーズン193安打で、200安打には届かなかった（四球80個）。

「四球を選ぶと打率はキープできるんですが、安打数が伸びない。打ちにいくと打数の分母が増えるので、凡打の次打席に安打を打ってもあまり打率が上がらないんです」「シーズン200安打」と「首位打者」の同時獲得の難しさを口にしたが、**10年は「シーズン209安打」&「首位打者(.358)」を同時達成した(四球63個)**。

私の持論に「プレーするパワーは、投げて付ける、バットスイングで付ける」があるが、青木君はそのタイプらしい。いいことだ。

大記録を成就し、メジャー挑戦となった。ただ、メジャー6年で7球団というのは、青木君はそこそこの安打をマークするので、トレード要員として重宝されてしまったのかもしれない。しかし、日本球界復帰後3年間で2度の打率3割はさすがと言うしかない。**通算4000打数以上の打率.325は、「日本歴代・首位打者」である。**

14年のロイヤルズ時代にワールドシリーズで1安打をマークして、世界一のチャンピオンリングを手にしているが、残された青木君の目標は日本シリーズ出場に違いない。

32　内川聖一（内野手）

両リーグ首位打者、右打者最高打率

●82年8月4日生まれ、大分県出身。185センチ、93キロ。右投げ右打ち
●大分工高→横浜（01年ドラフト1位）→ソフトバンク（11年）→ヤクルト（21年〜）
★通算19年、1977試合、2171安打、打率・303、196本塁打、957打点
★首位打者2度、本塁打王0度、打点王0度、最多安打2度、盗塁王0度
★MVP1度、ベストナイン5度、ゴールデングラブ賞1度、球宴6度
★主な記録＝両リーグ首位打者は、江藤慎一（中日・ロッテ）と2人だけ

【江夏との通算対戦成績】
対戦なし

内川聖一君（ヤクルト）でまず思うのが「右打ちが天下一品」ということだ。だから右打者最高打率・３７８（08年首位打者）を残せるんだろう。

同じ右打者の「天才」広瀬叔功さん（南海）の・３６６（64年）、「三冠王」落合博満君の・３６７（85年）を1分以上大幅に上回ったのだから。

内川君は横浜からソフトバンクにFA移籍した11年、いきなり・３３８で両リーグ首位打者を獲得している。「両リーグ首位打者」は、江藤慎一さんが中日（64年・65首位打者）とロッテ（71年）で獲得しているが、それはパ・リーグ野球に慣れた移籍2年目だった。働き場所が新しくなるとプロ野球選手にかかわらず人間張り切るものだから、FA移籍がモチベーションになったのだろう。かくいう私も最多セーブのタイトルを、リーグをまたいで2年連続で獲得している（80年広島・81年日本ハム）。

首位打者に限らず、両リーグでタイトルを獲得するのは至難の業だ。

「両リーグ本塁打王」は、落合博満君（82年・85年・86年ロッテ、90年・91年中日）、タフィ・ローズ（99年・01年・03年近鉄、04年巨人）、山崎武司君（96年中日、07年楽天）。「両リーグ打点王」は、落合博満君（82年・85年・86年ロッテ、90年中日）だけだ。

工藤公康君が15年からソフトバンクの監督を務めているが、監督が内定した段階で早くから「内川君を4番にしたい」との構想があった。14年は李大浩が4番を打っていたが、08年横浜時代に同じ釜の飯を食って、**本塁打は少なくとも内川君が打線の核になるだろうことを見抜いていたに違いない。**

内川君は19年、プロ19年目にしてゴールデングラブ賞を受賞している。守備が得意という印象はないが、プロ入り時は遊撃である。横浜時代は二塁をよく守っていたし、そういう意味では内外野守れるオールラウンド・プレーヤーだ。

09年WBC決勝の韓国戦、左翼前の飛球をスライディングキャッチをしてワンバウンドで押さえ二塁送球、二塁を狙った打者走者をアウトにした守備は超ファインプレーだった。ポジションが定まらないジプシー的な環境の中で、いつも高打率を残す。打撃技術が高いのである。

33 秋山翔吾(外野手)

シーズン日本最多216安打

●88年4月16日生まれ、神奈川県出身。183センチ、86キロ。右投げ左打ち
●横浜創学館高→八戸大→西武(11年ドラフト3位)→レッズ(20年〜)
★通算10年、1261試合、1443安打、打率・299、116本塁打、522打点
★首位打者1度、本塁打王0度、打点王0度、最多安打4度、盗塁王0度
★MVP0度、ベストナイン4度、ゴールデングラブ賞6度、球宴5度
★主な記録=739試合連続フルイニング出場(1位金本知憲1492試合、3位三宅秀史700試合)

【江夏との通算対戦成績】
対戦なし

秋山翔吾君（西武）は15年少しバットを寝かせたのが奏功した。**左翼方向にも安打を量産し、結果シーズン日本最多216安打を放った。**

14年、131試合123安打、打率・259から、15年は143試合、216安打、打率・359と、93安打増で打率を1割も上げている。

シーズン200安打を達成した選手は秋山君含め6人しかいない。他はマートン（阪神）、青木宣親君（ヤクルト）、ラミレス（ヤクルト）、イチロー君（オリックス）、西岡剛君（ロッテ）だ。

秋山君の大学同期には塩見貴洋君（楽天11年ドラフト1位）がいる。秋山君は11年新人ながら開幕戦スタメン出場。12年レギュラー定着。12年から19年の8年間で6度全試合出場、4度のシーズン最多安打。四球も6年連続60個以上。地味ながらチームへの貢献度は高い。

特に18年・19年と2年連続リーグ優勝、打ち勝つ「山賊打線」のリードオフマンとして西武をけん引した。

私の交換トレードの相手だった野球評論家の江本孟紀さん（東映↓阪神）は、秋山君を絶賛する。

「無事是名馬。たくさん試合に出て、たくさん安打を放ち、たくさん安打をもぎ取る。最近の日本球界のスーパースターは秋山だ」（ゴールデングラブ賞6度）。

たしかに、安打を1本防ぐということは、安打を打ったのと同様の価値がある。

秋山君が20年に移籍したメジャー・リーグのレッズはあの通算4256安打をマークしたピート・ローズが在籍したチームである。

現在は代打出場が多い秋山君だが、バットを寝かせて打撃開眼したように、何かのきっかけで本領を発揮するだろう。

33　秋山翔吾(外野手)

34　坂本勇人（遊撃手）

遊撃手歴代1位

●88年12月14日生まれ、兵庫県出身。186センチ、85キロ。右投げ右打ち
●光星学院高〈甲子園〉→巨人（07年高校生ドラフト1巡〜）
★通算14年1785試合2003安打、打率・292、242本塁打、865打点
★首位打者1度、本塁打王0度、打点王0度、最多安打1度、盗塁王0度
★MVP1度、ベストナイン6度、ゴールデングラブ賞4度、球宴12度
★主な記録＝遊撃手最多試合出場

【江夏との通算対戦成績】
対戦なし

坂本勇人君（巨人）は、少年野球時代、捕手・田中将大君（北海道・駒大苫小牧高↓楽天↓ヤンキース↓楽天）とバッテリーを組んでいた。青森・光星学院高に野球留学して甲子園に出場した。

堂上直倫君（愛工大名電高↓中日）の外れ1位で巨人入団。

高校出2年目の08年、当時のレギュラー遊撃手だった二岡智宏君が右足故障のため戦列を離れると、そのままレギュラーの座を奪い取った。

遊撃は他のポジションと違って、打球を前に落としたらもうアウトにできないのだから、シーズン平均15個前後のエラーはつきものだ。そのくらい難しいし、守備の要なのである。

思えば、あの『華の69年ドラフト』のそうそうたるメンバーの中、12球団で「いの一番」に指名されたのは遊撃を守る大橋穣さん（亜大↓東映）だった。大橋さんは阪急に移籍した72年から7年連続「遊撃ゴールデングラブ賞」・5年連続「ベストナイン遊撃手」に選ばれているが、72年からの5年間でシーズン100安打したことは皆無。最高打率が・229。打率・191でもベストナインに選ばれている。いかに遊撃手にとって守備が重要かという証明だ。

巨人の遊撃手と言えば、広岡達朗さんのあと、黒江透修さん、河埜和正君、川相昌弘君、二岡智宏君と続いたが、守るか打つかどちらかで、ゴールデングラブ賞（72年制定）とベストナインを同時受賞できる遊撃手はいなかった（94年川相のみ）。

坂本君は14年までエラーが多かったが、その後**4度ゴールデングラブ賞に選ばれるほど、守備の進境は著しい。**また守備に気を使う中、打率も残せて、本塁打も打てる技術には目を見張るものがある。

二岡君は「右に打たせたら右に出る者はいない」と表現されるほど右翼方向に大きな打球を飛ばしたが、**坂本君は「内角打ちが上手い。腰をクルリと回転させて、内角球に差し込まれることなく左翼スタンドに放り込む」**というのが打者出身評論家の話。

12年には長野久義君（当時・巨人→広島）とともにシーズン最多安打（173）。16

年は首位打者（打率・３４４）。19年はＦＡで丸佳浩君（広島）が加入したことから、積極型２番打者として開幕36試合連続試合出塁のリーグ新記録を樹立。

また19年シーズン40本塁打は、巨人生え抜き右打者では、長嶋茂雄さんの39本を抜く最多。**「遊撃手40本塁打」は85年宇野勝君（中日）以来、史上２人目の快挙だ。リーグ初の「遊撃手ＭＶＰ」も獲得した。**

20年は史上53人目の通算２０００安打をマークした。31歳10カ月での達成は、榎本喜八さん（毎日）の31歳7か月に次ぐ史上２番目の年少記録。巨人の生え抜き選手では球団6人目（川上哲治、長嶋茂雄、王貞治、柴田勲、阿部慎之助）。張本勲さん（東映・日本ハム→巨人）の言葉を借りると「巨人で中軸を打つ重圧はすごいものがある」。先達の顔ぶれを見ても、特に巨人での「通算２０００安打」は大変だっただろう。

通算２０００安打以上打者53人で、「本職が遊撃手」は、立浪和義君（中日２４８０安打）、石井琢朗君（横浜ほか２４３２安打）、宮本慎也君（ヤクルト２１３３安打）、松井稼頭央君（西武ほか２０９０安打＝日本のみ）、鳥谷敬君（阪神ほか２０９０安打）、藤田平さん（阪神２０６４安打）、野村謙二郎君（広島２０２０安打）、田中幸雄（日本ハム２０１２安打）、そして坂本君（巨人２００3安打）の９人だ。

「本職が遊撃手の通算本塁打５傑」は、宇野勝君（中日ほか３３８本）、池山隆寛君（ヤクルト３０４本）、田中幸雄君（日本ハム２８７本）、豊田泰光（西鉄ほか２６３本）、そして坂本君（巨人２４２本）だ。

遊撃手の打撃３部門タイトルホルダーとしては、「首位打者」豊田泰光さん（西鉄56年）、「打点王」葛城隆雄さん（大毎58年）、「本塁打王」宇野勝君（中日84年）らがいる。

ここまで例を挙げてきたように、遊撃手のポジションにおいて、打撃で好成績を残すのは至難の業なのはわかっていただけたと思う。

そんな中、21年４月16日に坂本君は「遊撃手１７７８試合出場」を果たし、鳥谷君（阪神→ロッテ）を抜いた。ある意味、「日本一の遊撃手」となったわけだ。

坂本君の入団以来、14年間で巨人は実に7度のリーグ優勝、２度の日本一。その原動力として機能してきた。ルックスもよく、「背番号６」のオレンジのレプリカ・ユニフォームを着ている野球少年もよく見かける。坂本君はまだ33歳。遊撃手として数字をどこまで伸ばしていくか楽しみだ。

35　大谷翔平（投手・外野手）

想定外のアメージング「二刀流」

●94年7月5日生まれ、岩手県出身。193センチ、95キロ。右投げ左打ち
●花巻東高〈甲子園〉→日本ハム（13年ドラフト1位）→エンゼルス（18年〜）
★通算8年＝657試合528安打、打率・278、95本塁打313打点（日米通算）
★最多勝1度、最優秀防御率1度、最高勝率1度、最多奪三振0度、（最多完封1度）
★ノーヒットノーラン0度
★沢村賞0度、MVP1度、ベストナイン3度（含・打者1度）、ゴールデングラブ賞0度、球宴5度（日）、新人王（米）
★主な記録＝165キロ、「1番・投手」で先頭打者本塁打、「4番・投手」で先発出場、投手部門とDH制部門でベストナイン同時受賞（日）、1試合16奪三振。史上初の「投手10試合、20本塁打、10盗塁」（米）、サイクルヒット（米）
【江夏との通算対戦成績】対戦なし

イチロー君の言葉をいま改めて実感している。

「メジャーに初めて日本人のホームランバッターが来たなと思った」

大谷翔平君（エンゼルス）がメジャー入りした18年、イチロー君（当時・マリナーズ）の感想だ。松井秀喜君がメジャーでホームランバッターでなかったということではない。松井君はメジャーで「フォア・ザ・チーム」「チーム打撃」に徹していたから。

イチロー君はさらに「（二刀流は）投手をやって、その翌日に外野を守れるなら両方やってもいいと思います」と語っていたが、現在はそれを普通にこなすどころか、「2番・投手」の「リアル二刀流」で、ごく普通に出場している。

「打撃がいい投手」ではない。「投球もできる打者」でもないのだ。日本プロ野球界入り当初、日本人ファンが大谷君に感じていた「驚き」（アメージング）を、いま本場のメジャー・リーグファンが感じている。

毎夜テレビのスポーツニュースを見ていると「すごい」の言葉しか出てこない。メジャー・リーグにくわしい野球記者の言葉を借りよう。

「**昨年までは左中間方向に流し打った打球が伸びて本塁打になっていました。でも、今年は違う。明らかに強引に引っ張っています。パワーもスイングスピードもついています。**メジャー・リーグでは『フライボール』全盛時代で、打者はアッパースイングを意識しています。対抗策として投手はアッパースイングではミートしづらい高目の球で釣って空振りを取ろうとする。その球に振り遅れや力負けすることなく振り切っているのです。**6月には投手として10奪三振翌日に、みずから本塁打。長いメジャー・リーグの歴史でも初の快挙でした**」

私が特に印象深かったのは、死球を受けたあと、すかさずの二塁盗塁、続く三塁盗塁のシーンだ。野手としてのセンスは走塁に表れる。そして今シーズンの打球の速さ、飛距離には驚くものがある。

エンゼルスの本拠地であるエンゼル・スタジアム・オブ・アナハイムでは、大谷君が打席に向かうと「ＭＶＰ」コールが巻き起こる。

メジャー・リーグのオールスター・ゲームで本塁打競争に出場したが、ひょっとしたら本塁打王を獲得するかもしれない。常識をくつがえす男だ。

36　岡本和真（三塁手）

長嶋以来のG日本人右打者本塁打王

●96年6月30日生まれ、奈良県出身。185センチ、96キロ。右投げ右打ち
●智弁学園高〈甲子園〉→巨人（15年ドラフト1位〜）
★通算6年、439試合、448安打、打率・279、96本塁打、297打点
★首位打者0度、本塁打王1度、打点王1度、最多安打0度、盗塁王0度
★MVP0度、ベストナイン1度、ゴールデングラブ賞0度、球宴2度
★主な記録＝本塁打王（巨人右打者では61年長嶋以来）

【江夏との通算対戦成績】
対戦なし

岡本和真君（巨人）は、高橋由伸監督の最終3年目の18年にレギュラーに定着した。

「江夏さん、打者で4年目の岡本を一人前にしたいんです」（高橋由伸）

かつての清原和博君（ＰＬ学園高→西武86年ドラフト1位＝打率3割30本塁打）、立浪和義君（ＰＬ学園高→中日88年ドラフト1位＝初の高校出1年目・遊撃ゴールデングラブ賞）のような選手は存在せず、最近の高校出打者はプロで苦戦中だ。清宮幸太郎君（早稲田実高→日本ハム18年ドラフト1位）しかり、根尾昂《あきら》君（大阪桐蔭高→中日19年ドラフト1位）・藤原恭大《きょうた》君（大阪桐蔭高→19年ロッテドラフト1位）しかり。

岡本君は18年「第89代・巨人4番打者」として出場。川上哲治さん、長嶋茂雄さん、王貞治さん、原辰徳君、松井秀喜君、阿部慎之助君と続く「巨人4番打者」の系譜。プロ野球史上最年少となる22歳3か月での「打率3割・30本塁打・100打点」をマーク。**18年から3年連続「30本塁打・90打点」。20年にはついに本塁打王と打点王を獲得した。巨人の右打者本塁打王は実に長嶋茂雄さん以来だ。**

本塁打一発で試合の雰囲気を変えられるのは、いま岡本君と村上隆宗君（ヤクルト）が双璧か。茫洋としているが、もっと喜怒哀楽を表面に出してもいいかもしれない。

37　佐藤輝明（三塁手）

「ミスター・タイガース」の期待大

●99年3月13日生まれ、兵庫県出身。１８８センチ、94キロ。右投げ左打ち
●仁川学院高→阪神（21年ドラフト１位～）

【江夏との通算対戦成績】
対戦なし

佐藤輝明君（阪神）は、**打者で一番大事な「バットを振る」という姿勢がすばらしい。**どんなに三振を食らおうがバットを振っている。投手は「投げる腕を振る」、打者は「バットを振る」。4月横浜スタジアム140メートル場外弾（国吉佑樹投手）、5月には史上初の「新人4番初試合で満塁本塁打」、**58年長嶋茂雄さん（巨人）以来63年ぶりの「新人1試合3本塁打」**。今後、打率を上げて安定性を増し、近い将来は阪神の不動の4番を打つまでに成長してもらいたい。

【参考：阪神で4番300試合以上の日本人打者（※は他球団から阪神に移籍）】

・藤村富美男	1070試合	1288安打	194本塁打	874打点	打率・311
・田淵幸一	812試合	778安打	248本塁打	577打点	打率・273
・掛布雅之	800試合	840安打	188本塁打	553打点	打率・290
・岡田彰布	316試合	289安打	52本塁打	176打点	打率・250
・桧山進次郎	301試合	286安打	37本塁打	168打点	打率・253
・金本知憲	921試合	1002安打	187本塁打	655打点	打率・292※
・新井貴浩	318試合	348安打	36本塁打	218打点	打率・280※

あとがきに代えて——江夏豊が選ぶ強打者・歴代ベストナイン

強打者ベストナイン。一時的な活躍というより、長きにわたって活躍した選手を選びたい。「無事是名馬」というのが超一流選手の条件だ。守備も加味したいところだが、今回は「強打者」という観点から、ゴールデングラブ賞受賞の有無など、守備的要素は度外視した。

便宜的にポジションごとに選ぶのがわかりやすい。

捕手、一、三塁はすぐ決まる。捕手は野村克也さん（南海ほか）、「ベストナイン」に選ばれること実に19度。記者投票の「ベストナイン」受賞回数で選ぶわけではないけれど、一つの指標にはなる。一塁は王貞治さん（巨人）、ベストナイン18度、三塁は長嶋茂雄さん（巨人）、ベストナイン17度。この3人は衆目の一致するところだろう。

二塁は迷う。「ベストナイン」最多は9度の千葉茂さん（巨人）と高木守道さん（中日）。千葉茂さんのプレーは残念ながら見たことがないので「江夏豊が選ぶベストナイン」からは除かせていただく。高木守道さんは通算2000安打以上の選手で、「本職が二塁手」ではトップの16位（2274安打）。しかも、「2000安打・200本塁打・300盗塁」だ。しかし、二塁は落合博満君（ロッテほか）とさせてもらう。落合君はベストナインを一塁・三塁で各4度、そして二塁で2度受賞している。さらに2年連続3度の三冠王だ。

遊撃も難しい。先述のように「ベストナイン」最多は9度の吉田義男さん（阪神）、7度の木塚忠助さん（南海）・松井稼頭央君（西武ほか）、6度の豊田泰光さん（西鉄ほか）・藤田平さん（阪神）・鳥谷敬君（阪神）・坂本勇人君（巨人）。「首位打者タイトル獲得」「40本塁打マーク」「遊撃手として最多出場」ということで坂本君だ。

外野手の「ベストナイン」最多は16度の張本勲さん（東映ほか）。次点が「ベストナイン」10度の山内一弘さん（毎日ほか）・福本豊さん（阪急）・山本浩二さん（広島）。イチロー君（オリックスほか）は日本時代の7度に、メジャー・リーグのベストナインに相当する「シルバースラッガー賞」3度を加えると計10度になる。

日米最多の通算4367安打を放ったイチロー君がまず最初。次に「通算3000安打500本塁打300盗塁」の張本勲さん。そして通算1065盗塁・13年連続盗塁王であり、「投手のクイックモーション」を導入させた日本球界の革命者・福本豊さん（阪急ほか）。さらに豪快な本塁打、人格、風格、日本球界に与えた好影響などから松井秀喜君（巨人）も入れたい。

ポジションは右翼から「レーザービーム」イチロー君、中堅は「俊足を生かして守備範囲の広い」福本さん、左翼は松井秀喜君、DHが張本勲さん、とすれば綺麗に収まるだろう。

	三冠王			安打	本塁打		トリプル・スリー	現役
投手								大谷
捕手	**野村**			古田	田淵	阿部		
一塁	**王**	ブーマー	バース	小笠原	大杉	清原		内川
二塁	**落合**						山田哲	
三塁				**長嶋**	衣笠	掛布	中西	岡本
遊撃								**坂本**
外野				広瀬	山内		秋山幸	青木
				張本	山本浩		金本	秋山翔
				若松	門田		柳田	佐藤輝
				福本				
				リー	**松井秀**			
				前田智				
				イチロー				

強打者

著者 江夏 豊

2021年9月10日 初版発行

江夏 豊（えなつ ゆたか）
1948年5月15日、兵庫県生まれ。1966年秋、4球団から1位指名を受け、阪神タイガースに入団。その後、1984年に引退するまで5球団で活躍、最多勝2度、最優秀防御率1度、最多奪三振6度、最優秀救援投手6度、ベストナイン1度、沢村賞1度、MVP2度など数々のタイトルを獲得。その活躍から、現役時代は「優勝請負人」という異名をとり、現在も20世紀最高の投手の一人として語り継がれている。
現在は野球中継の解説者を中心に活動しており、わかりやすく鋭い解説を披露している。また、週刊プレイボーイで「江夏豊のアウトロー野球論」も好評連載中。

発行者 横内正昭
編集人 内田克弥
発行所 株式会社ワニブックス
〒150-8482
東京都渋谷区恵比寿4-4-9えびす大黒ビル
電話 03-5449-2711（代表）
03-5449-2734（編集部）

装丁 橘田浩志（アティック）／小口翔平＋畑中茜（tobufune）
編集協力 飯尾哲司
校正 東京出版サービスセンター
編集 大井隆義（ワニブックス）

印刷所 凸版印刷株式会社
DTP 株式会社 三協美術
製本所 ナショナル製本

定価はカバーに表示してあります。
落丁本・乱丁本は小社管理部宛にお送りください。送料は小社負担にてお取替えいたします。ただし、古書店等で購入したものに関してはお取替えできません。

ISBN 978-4-8470-6660-3
ワニブックスHP http://www.wani.co.jp/
WANI BOOKOUT http://www.wanibookout.com/
WANI BOOKS NewsCrunch https://wanibooks-newscrunch.com/